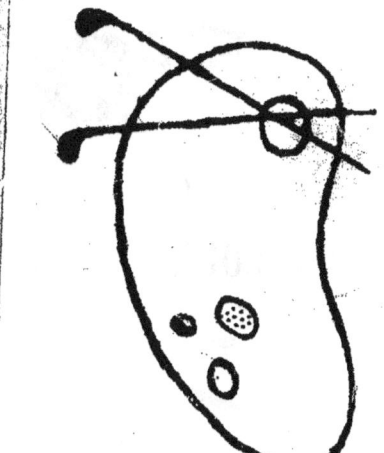

Début d'une série de documents en couleur

Illisibilité partielle

VALABLE POUR TOUT OU PARTIE DU DOCUMENT REPRODUIT

ROMANS
DE
EDMOND ET JULES DE GONCOURT

MADAME GERVAISAIS

NOUVELLE ÉDITION

PARIS
G. CHARPENTIER, ÉDITEUR
13, RUE DE GRENELLE-SAINT-GERMAIN, 13
1882

Extrait du Catalogue de la BIBLIOTHÈQUE-CHARPENTIER
13, RUE DE GRENELLE-SAINT-GERMAIN, 13, PARIS
à 3 fr. 50 le volume.

CRITIQUE ARTISTIQUE ET LITTÉRAIRE

AMAURY DUVAL
L'atelier d'Ingres.

ÉMILE BERGERAT
Théophile Gautier : biographie, entretiens, correspondance, avec une préface de M. Edmond de Goncourt et une eau-forte de Braquemond.

PAUL EUDEL
L'hôtel Drouot en 1881 avec une préface de J. Claretie.

FERDINAND FABRE
Le Roman d'un peintre.

ED. ET J. DE GONCOURT
Gavarni, l'homme et l'œuvre.
L'art du XVIII° siècle : 1re série : Watteau. — Chardin. — Boucher. — Latour.
2e série : Greuze. — Gravelot. — Les Saint-Aubin. — Cochin.
Sous presse : la 3e et dernière série.

EDMOND DE GONCOURT
La maison d'un artiste au XIX° siècle.

LÉON PILLAUT
Instruments et Musiciens, avec une préface d'Alphonse Daudet.

VICTOR WILDER
Mozart.
Beethoven. (Sous presse.)

PH. BURTY
Maîtres et petits maîtres.
Lettres de Eugène Delacroix.

Mme ALPHONSE DAUDET
Impressions de nature et d'art.

DURANTY
Le pays des Arts : la statue (M. de Montceaux. — L'atelier. - Bric-à-Brac. — Le peintre Lou. Martin.

THÉOPHILE GAUTIER
Portraits contemporains : litté teurs, peintres, sculpteurs, artiste dramatiques, avec un portrait d Th. Gautier d'après une gravure l'eau-forte par lui-même en 1833.
Fusains et Eaux-fortes.
Tableaux à la plume.
Le Guide de l'amateur au musée d Louvre, suivi de *la vie de quelqu* peintres.

ALFRED DE MUSSET
Mélanges de Littérature et de Cri tique.

ALPHONSE RENAUD
Histoire nouvelle des Arts et de Sciences.

THÉOPHILE SILVESTRE
Les Artistes français.

..ris. — Imp. E. Capiomont et V. Renault, rue des Poitevins,

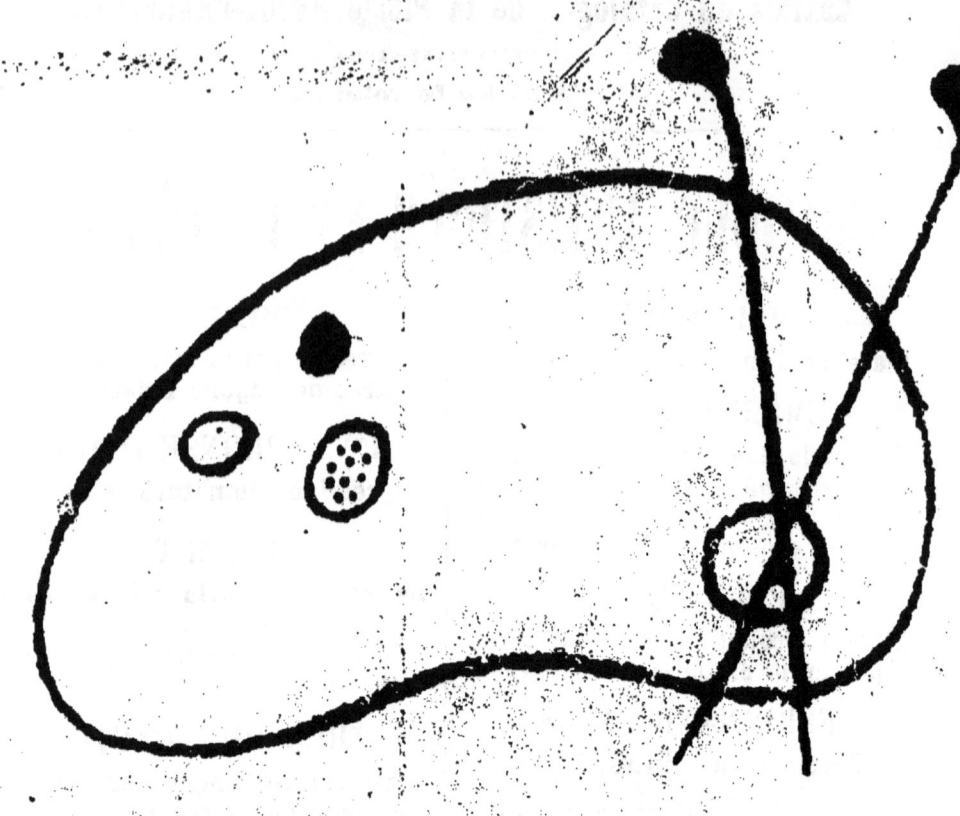

Fin d'une série de documents en couleur

MADAME GERVAISAIS

OUVRAGES DES MÊMES AUTEURS

PUBLIÉS DANS LA BIBLIOTHÈQUE-CHARPENTIER

à 3 fr. 50 le volume

GONCOURT (Edmond de)

La Fille Élisa, 26ᵉ édition	1 vol.
Les Frères Zemganno, 8ᵉ édition	1 vol.
La Maison d'un Artiste au XIXᵉ siècle	2 vol.
La Faustin, 12ᵉ mille	1 vol.

GONCOURT (Edmond et Jules de)

Germinie Lacerteux. Nouvelle édition	1 vol.
Madame Gervaisais. Nouvelle édition	1 vol.
Renée Mauperin. Nouvelle édition	1 vol.
Manette Salomon. Nouvelle édition	1 vol.
Charles Demailly. Nouvelle édition	1 vol.
Sœur Philomène. Nouvelle édition	1 vol.
Quelques Créatures de ce Temps	1 vol.
Idées et Sensations	1 vol.

707. — Paris. Typ. Gaston Née, rue Cassette, 1.

ROMANS
DE
EDMOND ET JULES DE GONCOURT

MADAME GERVAISAIS

PARIS

G. CHARPENTIER ET Cⁱᵉ, ÉDITEURS

11, RUE DE GRENELLE, 11

1889

Tous droits de traduction et de reproduction réservés.

A
LA MÉMOIRE
DE
MADAME ***

MADAME GERVAISAIS

I

— Quarante *scudi* ?
— Oui, signora.
— Cela fait, n'est-ce pas, en monnaie de France, deux cents francs ?
— Deux cents francs ?... — fit la Romaine qui montrait l'appartement à l'étrangère : elle parut chercher, compter dans sa tête. — Oui, oui... deux cents francs. Mais la signora n'a pas bien vu...

Et, jetant son châle brusquement sur un lit défait, elle se mit à marcher de chambre en chambre avec de vives ondulations de taille, en parlant avec la volubilité d'une *padrona* de chambres meublées :
— Voyez-vous, ils sont partis ce matin... Une famille anglaise... des gens malpropres, qui jetaient de l'eau partout... Tout est en désordre... on n'a eu le temps de rien ranger....

Mais l'étrangère n'écoutait pas : elle s'était arrêtée devant une fenêtre avec l'enfant qu'elle avait à la main et qui se tenait dans sa robe, et elle lui montrait ce qu'on voyait de là, la place d'Espagne et l'escalier de la Trinité-du-Mont. Puis elle lui demanda : — Pierre-Charles, veux-tu rester ici ?

L'enfant ne répondit pas, mais il leva vers sa mère des yeux tout grands de bonheur.

— *Che bellezza!* — fit la loueuse avec le cri de l'admiration romaine devant tout ce qui est beau.

A ce mot, l'étrangère regarda une minute son fils avec ce regard de mère qui semble embrasser, sur le visage de son enfant, la beauté qu'on lui trouve.

— Et cette petite langue, elle ne parle donc pas? — dit l'italienne.

— Il est un peu retardé pour son âge... — et le front de l'étrangère devint tout à coup sérieux. Elle reprit presque aussitôt d'un ton brusque : — Ainsi, c'est bien cela, n'est-ce pas?... une petite antichambre, la cuisine de l'autre côté du palier avec une chambre de domestique, et ces quatre pièces qui se suivent...

— Oui, signora... Nous, nous nous retirerons dans la petite chambre du fond... Nous n'avons pas besoin de plus pour nous deux, n'est-ce pas, ma mère?

Et la Romaine se tourna vers une vieille femme, aux superbes traits ruinés, qui se tenait debout dans la dignité de sa robe de deuil, silencieuse, assistant à cette conversation échangée en une langue qu'elle ne comprenait pas et dont elle semblait tout deviner avec l'intelligence méridionale de ses yeux.

— Eh bien ! c'est convenu... j'arrête l'appartement...

— Ah ! signora, ce n'est pas cher... Si, cette année, il y avait plus d'étrangers à Rome...

— Dites-moi : la maison est tranquille ? Il n'y a pas de bruit ? C'est que, tout à l'heure... je suis entrée dans une maison... Quand j'ai lu dans l'allée : *Maestro di Musica*...

— Oh ! ici... En bas, vous avez vu, c'est un libraire, avec la chalcographie que mon père avait autrefois... et en haut ses magasins... et pour nous, nous ne recevons jamais personne...

— C'est que je suis souffrante, un peu souffrante... J'ai besoin de calme, de beaucoup de calme...

— Ah !... madame est souffrante ? — dit lentement la padrona en qui venait de se glisser cette peur populaire des loueuses de Rome pour la contagion des maladies de poitrine, rencontrée déjà par Chateaubriand lorsqu'il y cherchait un dernier logis pour madame de Beaumont; et comme elle essayait de tourner dans sa tête une phrase qui fît s'expliquer l'étrangère sur son mal, celle-ci, prenant un ton haut et bref :

— Tenez, mademoiselle, finissons... Voici les deux cents francs du premier mois...

Et elle posa l'argent sur une table.

— Je verrai après, si je me trouve bien ici...

— Ma mère va aller décrocher l'écriteau de location, — dit la fille; et trempant la plume dans la boue d'un encrier séché :

— A quel nom faut-il donner le reçu ?

L'étrangère tendit une carte sur laquelle était :

MADAME GERVAISAIS.

L'Italienne se pencha, s'appliquant à copier le nom, et en relevant la tête elle aperçut l'enfant qui, tenant retournée la main gantée de sa mère, l'embrassait à la place de la paume.

— Doit-il être aimé !

— Oh ! il n'a plus que sa mère pour cela... — soupira la mère.

— Madame sait que nous sommes obligées de donner les passe-ports à la police...

— On m'a gardé le mien à l'hôtel. Je vous le

remettrai demain en prenant possession de l'appartement...

— Madame n'aura pas besoin qu'on lui fasse à déjeuner?

— Non... je compte prendre dans quelques jours un domestique d'ici qui me fera la cuisine. A demain, mesdames... Viens, Pierre-Charles...

Et s'adressant à sa femme de chambre qui se rencognait dans le fond de la pièce, avec le cœur gros et la tristesse prête à éclater d'une Bourguignote dépaysée :

— Allons donc, Honorine ! Nous reviendrons, ma fille...

Sur la porte :

— Ah ! j'avais oublié, madame — fit l'Italienne en recourant après elle. — Je dois vous prévenir pour les *scarpe*, les souliers... à moins que ce ne soit votre femme de chambre...

— Ma femme de chambre ne fait que nos lits...

— Alors... ce sera deux baïoques pour chaque paire... C'est le petit profit de la *serva*.

— Eh bien ! la *serva* aura ses deux baïoques...

Et madame Gervaisais ne put s'empêcher de sourire du bon marché avec lequel on fait à Rome la joie du pauvre.

II

Les tables de l'*Hôtel de la Minerve* étaient pleines ce soir-là, et de place en place des touristes consciencieux lisaient le « Guide » dans leur assiette à soupe encore vide.

— Non... de la soupe grasse pour moi... et mon enfant — dit madame Gervaisais à un garçon qui lui apportait le potage maigre de la table servie en maigre, à laquelle, sans le savoir, elle s'était assise.

A cette demande, un ecclésiastique sanguin, en train de réciter à côté d'elle son *Benedicite* debout, lui jeta un regard qu'il abaissa presque aussitôt, et recula un peu sa chaise en s'asseyant.

Dans la salle à manger monumentale où se levaient des Vertus, des martyres et des héroïnes chrétiennes en plâtre, sur une imitation peinte de mosaïque, mangeait le monde mélangé des visiteurs de la ville éternelle : des hôtes de partout, des catholiques, des laïcs à redingote cléricale, des prêtres de toute sorte et de tout costume, des échantillons de peuple et d'aristocratie d'église, des évêques à la calotte violette, beaucoup de curés de pays à gros vin et à gros accent, de maigres abbés de compagnie escortant de vieilles dames dans le pèlerinage de leur curiosité pieuse, des commerçants enrichis payant à leurs femmes le voyage des gens distingués, d'épais industriels estropiant les noms de saintes, et que leur filles reprenaient tout haut avec les leçons encore fraîches de leur éducation de couvent, des commis-voyageurs expliquant savamment à leurs voisins comme quoi les vins des pays tempérés sont sujets à *graisser* dans les États Romains ; enfin, tout ce fond de passants cosmopolites, anonymes, impersonnels et vagues, dont la vie d'hôtel, le coudoiement du repas, rapproche et fait communier la vulgarité.

De tout ce monde, à un bout de la table, se détachait, observant de haut les convives, un chevalier d'ordre noble, enveloppé de cette robe qui habille la vieillesse religieuse de la grâce correcte du blanc. Il parlait, avec des gestes d'homme du monde, à l'oreille d'une Italienne dont les cheveux étaient noués d'un ruban feu rappelant une bandelette de coiffure antique.

Et à mesure que le dîner avançait, que l'expansion se répandait des estomacs remplis, la causerie des voisinages se mêlait et devenait générale. Alors éclatait et s'épanouissait la bêtise du Français à table d'hôte, prenant toutes ses comparaisons, ses mesures, d'après les idées, les préjugés, les produits français, voulant partout à l'étranger retrouver la France, et n'admettant rien du droit des autres peuples à être un autre peuple que celui qu'il est. Des paroles professorales, de grossières ignorances, critiquaient les mœurs, les habitudes, les institutions du pays. Il s'élevait des plaintes de civilisés débarqués dans un pays sauvage de la part des messieurs auxquels on avait servi du café au lait dans des verres. Il y avait des gens qui disaient, à propos de la petitesse des poulets rôtis, que cela donnait une triste idée du gouvernement, et un homme chauve, à visage considérable, accusait l'édilité de « l'endroit » de ne pas même faire balayer tous les matins la prison de Saint-Pierre !

Madame Gervaisais fut contente de penser que c'était son dernier dîner à la *Minerve*. Tout ce bruit niais qui l'entourait, l'ennuyait, la blessait presque : elle éprouvait une espèce d'écœurement à entendre là — la sottise parler si haut. Son amour-propre de Française, de Parisienne, souffrait de ces inepties sortant de la bouche de compatriotes, et il y avait en elle une humiliation, en même temps qu'un agacement presque douloureux, à toucher de si près et dans sa plus grosse expression le béotisme exubérant que développe, par un singulier et ironique privilége, le spectacle de la plus grande ville du monde chez le peuple le plus spirituel de la terre.

— Prends une orange et allons-nous-en... — finit-elle par dire à son enfant, avant le dessert, à bout de patience, et choquée de la tenue de son voisin, l'ecclésiastique au *Benedicite* qui, ragaillardi par le dîner et le coude avancé près d'elle, se tapotait l'épaule avec la carte des vins.

Elle remonta le grand escalier, en frôlant un capucin qui, plaqué contre la loge du portier, immobile, tendait aux passants une *bussola*, et par les longs corridors où s'apercevaient, dans des coins, des malles de prélats ayant l'apparence de boîtes d'argenterie en maroquin rouge, gaufrées d'or, elle arriva à sa chambre, où elle s'enferma avec son fils.

Le jour baissait; et avec le jour qui baissait revenait en elle le sentiment de tristesse dont certains tempéraments de femme ne peuvent se défendre à la venue du soir, au moment défaillant, à l'heure tombante de la journée. Peu à peu, elle était envahie par cette espèce de mélancolie, songeuse, instinctivement peureuse, que donnent aux malades la crainte de l'ombre et la menace de la nuit. Elle prit son fils sur ses genoux et se mit à le bercer, pressant contre son sein le premier sommeil de son enfant, en lui murmurant la *berceuse* de Schuman, la bouche sur sa tête et la voix dans ses cheveux.

En la couchant, sa femme de chambre lui dit :

— Est-ce que madame ne prend pas de la potion que M. Andral lui a recommandé de prendre tous les soirs ?

— Mon Dieu! Honorine, si vous voulez.., donnez m'en, cela m'empêchera peut-être de sentir les puces de la *Minerve*.

III

Le lendemain, madame Gervaisais entrait dans l'appartement qu'elle avait loué.

Derrière l'enfant sautant les marches, elle monta le petit escalier de marbre à carreaux noirs et blancs, éclairé de baies à jour où le soleil passait à travers des fleurs dans des pots. La porte fermée sur les porteurs, elle eut le plaisir de cette délivrance qu'on éprouve à la sortie de l'auberge, de l'hôtel, de la maison à tout le monde. Elle se livra au petit bonheur de voir défaire ses malles, de s'installer, de s'arranger, de se sentir dans un intérieur où elle allait retrouver, pour un longtemps, la propriété et la douceur du chez soi.

L'appartement était le banal appartement garni que Rome loue aux *forestiers*, et où se voyait pourtant le caractère du mobilier romain, surtout dans la grande pièce faisant l'angle de la rue *delle Carrozze* et de la place d'Espagne. Le plafond, peint en blanc, se divisait en quatre compartiments, à filets bleus et rouges, encadrant de légères arabesques qui balançaient des paniers de fleurs au bout d'un fil. Des ornements en camaïeu gris s'entrelaçaient sur le fond bleu du papier local. Le parquet disparaissait sous les bandes d'un tapis turc, rouges, jaunes, noires et blanches. Des rideaux de calicot, agités par l'air du dehors, voltigeaient aux fenêtres, sous un lambrequin de damas à effilés. Des petits canapés en bois de noyer, d'une raideur antique, se renversaient contre le mur, avec leurs petits bâtons courbes de bois noir et leur étroit dossier où s'apercevait au milieu, dans un rond, une Muse touchant de la lyre, pareille à une mauvaise médaille de marqueterie. Des chaises du même style faisaient cercle autour d'un guéridon soutenu par trois pieds tragiques, et des consoles jaunes étaient portées par des gaînes d'hermès aux têtes de femme en métal doré.

Du côté de la rue *delle Carrozze*, il y avait une cheminée de marbre blanc. Son étroit chambranle supportait une glace qui levait, sur deux pieds de griffons dorés, ses trois compartiments dans un triple cadre de bois de rose que surmontait un petit entablement à balustres de cuivre : une glace du pays ayant l'air d'un vantail arraché d'un cabinet.

En face, le piano, que madame Gervaisais avait envoyé placer dès la veille, était ouvert sous un grand tableau d'une Chronologie des Papes brodée en noir sur canevas, dans un encadrement de clefs et de tiares, pieux ouvrage de la patience de la fille de la maison, qu'accompagnaient, accrochés de travers, des paysages de Claude Lorrain, signés du graveur Parboni.

Et par toute la chambre, sur la cheminée, sur les consoles, sur les guéridons, étaient posés, pressés, mêlés toutes sortes de menus objets, des réductions d'obélisques, des échantillons de marbre, des coupes d'albâtre, des colonnettes portant des figurines de bronze, un lion Canova en terre cuite, des « dunkerques » étrusques, ce tas de petits morceaux de grandes choses, comme amassés par une vieille fille sur sa commode, qui semblent les joujoux et les reliques des Lares de la Bourgeoisie romaine.

Ce fut dans cette pièce que madame Gervaisais se mit bientôt à aller d'un siége à un autre, tombant assise avec le reste de lassitude du voyage, et demeurant penchée sur sa femme de chambre à laquelle elle donnait ses ordres pour déplacer ou déranger ceci ou cela : elle ne se relevait que quand le geste obstiné de la main de son enfant lui montrait un objet plus haut que lui, et qu'il voulait voir, comme les touche-à-tout de son âge, en le tenant une minute dans ses petits doigts.

A la fin, elle alla se reposer à l'angle de la pièce, où pendait une épreuve avant la lettre de la *Transfiguration*, dans un renfoncement d'ombre devant lequel se croisait sur le tapis la lumière des deux fenêtres; elle se trouva bien là, et elle crut y avoir rencontré son coin, cet endroit aimé que toute femme choisit où elle habite pour en faire sa place d'adoption, y être heureusement et tranquillement en compagnie d'elle-même, y lire, y écrire, y rêver. Faisant son creux dans les petits crins du canapé, les ramassant autour d'elle pour se soutenir, elle dit à Honorine d'apporter une table devant elle et de placer dessus son buvard, ses livres. Une corbeille d'osier, tressée or et blanc, était accrochée au-dessus de sa tête : elle envoya chercher des fleurs pour la remplir. Et quand le lit de son fils eut été placé dans la chambre voisine de façon qu'il fût sous les yeux de son cœur, qu'elle put le voir dormir par la porte ouverte, ce qu'elle respirait, ce qui l'enveloppait, la lumière riante, la pièce égayée et amusante, lui inspirèrent le mouvement de contentement que donnent aux natures maladives et nerveuses, affectées par les riens attristants des choses, l'espèce de sympathie, l'entour ami des murs, l'air heureux d'un logis où il ne paraît pas qu'on doive souffrir.

IV

Dans son sommeil du matin, madame Gervaisais sentit sur son visage une lumière et une chaleur. C'était comme un doux éblouissement qui aurait chatouillé, dans leur nuit, ses paupières fermées.

Elle ouvrit les yeux : elle avait sur elle un rayon

glissant d'une persienne mal fermée et frappant en plein sur son oreiller.

Elle sortit de son lit, heureuse de ce réveil nouveau dans le plaisir de vivre, auquel les maussades matins de Paris habituent si peu les existences parisiennes; et, jetant un peignoir sur ses épaules, ouvrant la fenêtre toute grande, elle se mit à contempler le ciel d'un beau jour de Rome : un ciel bleu où elle crut voir la promesse d'un éternel beau temps, un ciel bleu, de ce bleu léger, doux et laiteux que donne la gouache à un ciel d'aquarelle; un ciel immensément bleu, sans un nuage, sans un flocon, sans une tache; un ciel profond, transparent, et qui montait comme de l'azur à l'éther; un ciel qui avait la clarté cristalline des cieux qui regardent de l'eau, la limpidité de l'infini flottant sur une mer du Midi; ce ciel romain auquel le voisinage de la Méditerranée et toutes les causes inconnues de la félicité d'un ciel font garder, toute la journée, la jeunesse, la fraîcheur et l'éveil de son matin.

Elle s'oubliait, appuyée sur la barre de la fenêtre, une joue appuyée dans sa main, aspirant ce bleu, le haut du corps battu du voltigement des rideaux : la porte s'ouvrit derrière elle.

—Dort-il encore?—demanda-t-elle à Honorine.

— Non, madame... Et si madame veut venir...

Honorine dit cela en souriant, et menant sa maîtresse dans sa chambre, elle la fit se pencher par une petite fenêtre.

Sous la fenêtre, il y avait une cour, un trou, un puits, mais un puits de jour comme en fait là-bas le soleil tombant d'aplomb entre quatre murs. Et au fond, un jardinet couleur de féerie, où les fruits ressemblaient à des fruits d'or, où de l'eau mettait comme une poussière liquide de diamants et de saphirs à travers des lueurs de feux de Bengale que se renvoyaient les murailles peintes à l'italienne, crûment bleues. La joie du Midi glissait et jouait sur le luisant des feuilles, le brillant des fleurs, bourdonnait dans le silence et la chaleur; et des vols de mouches, tour à tour blanches sur le vert et noires sur le blanc, s'embrouillaient dans l'air, ou bien y planaient, les ailes imperceptiblement frémissantes, ainsi que des atomes de bonheur suspendus dans l'atmosphère. — Un oranger en espalier, de petits citronniers dans de grands pots de terre rouge, des *boules de neige* montant à des morceaux de treilles de roseaux où l'on avait accroché des *fiaschetti* vides de vin d'Orviete à côté de brosses à soulier, c'était cependant tout ce jardin au bout duquel le filet d'une source claire s'égouttait, du haut d'une niche rocheuse, dans un fragment cassé de tombeau antique.

Pierre-Charles se trouvait là. Il avait été naturellement vers l'eau ; et dans la niche, monté sur le morceau de marbre aux stries dégradées, sa chemise de nuit plaquant aux endroits mouillés sur les rondeurs de son petit corps, les bras nus jusqu'à l'épaule, les pieds chaussés de ses hautes bottines dont les boutons n'étaient pas mis, la tête un peu appuyée sur la rocaille, les cheveux mêlés à des plantes pendantes, prenant la source dans le creux de ses deux mains élevées, rapprochées et ouvertes, il laissait retomber l'eau qui débordait, en s'amassant, de la coupe de ses doigts, gentiment immobile, sérieux presque, avec une sorte de sentiment de sa jolie pose, de la charmante et enfantine statue de fontaine qu'il mettait là.

V

— Pierre-Charles! — lui cria sa mère de la fenêtre.

L'enfant sauta vite de la fontaine, et grimpant

l'escalier en courant, il fut au bout d'un instant dans les bras de sa mère, frais et sentant la fleur mouillée, essoufflé et rose, se pressant contre elle, l'embrassant sur la figure, les yeux, les bras, les mains, à des places de son peignoir, avec les caresses d'un petit animal tendre, des baisers qui léchaient presque.

— Allons! Honorine, dépêchons-nous de l'habiller... Je suis vaillante ce matin... Nous allons sortir toute la journée... Il faut le faire beau, mon fils, aujourd'hui.

Et la toilette commença. La mère attacha au cou de l'enfant une de ces collerettes d'alors qui encadraient si bien d'un tuyauté de linge blanc la joue de l'enfance. Aidée par Honorine, elle lui passa ses grands bas écossais, son court pantalon de velours noir. Le petit bonhomme se laissait faire, regardait ce qu'on lui mettait avec un plaisir profond, presque recueilli, une gravité de bonheur que n'ont pas les garçons de cet âge. Il entra dans sa veste de velours. Sa mère lui noua au cou un ruban de soie cerise. Puis Honorine le chaussa d'escarpins à talons, lui posa sur la tête un toquet de velours noir ayant pour aigrette une plume de héron tenue par l'agrafe d'argent d'un chardon d'Écosse : l'enfant était habillé; et charmé dans ce costume artistique, un peu théâtral, qu'avait inventé pour lui le goût de sa mère, il restait comme respectueux de lui-même.

— Eh bien! Honorine, — dit madame Gervaisais en passant le doigt entre la collerette et le cou de l'enfant, — elles me paraissent d'assez bonnes personnes, ces femmes de la maison... Vous ont-elles mise un peu au fait?

— Ces femmes-là?... Mais, madame, je ne comprends rien à ce qu'elles disent... La jeune même, qui parle français...

— Vous comprendrez bien vite... Vous êtes intelligente, et...

— Oh! madame! — fit Honorine avec le profond accablement de tristesse d'une femme du peuple qui sent, d'elle aux autres, la séparation éternelle d'une langue qui n'est pas la sienne, d'une langue qu'elle ne pourra jamais entendre.

— Allez! ma pauvre Honorine, il n'y a pas de ma faute... Vous savez que si nous sommes ici...

— Je sais bien, madame, je sais bien.

Et Honorine baissa la tête. Elle reprit :

— Ce n'est pas pour reprocher à madame... Madame sait bien que je suivrais madame au bout du monde... — Et s'animant, s'exaltant : — Moi, sans vous!... Vous qui avez été pour moi... Moi! sans le petit!

Elle saisit l'enfant et le pressa contre elle presque furieusement. Elle répéta encore : — Moi!... moi!

— Vous êtes folle, Honorine! — fit madame Gervaisais en tendant une main sur laquelle Honorine se jeta avec une explosion de larmes. — Allez mettre votre chapeau... Tenez! nous partons...

— Pauvre fille! — se dit tout bas sa maîtresse en la regardant aller.

Au moment où elle commençait à être grosse de Pierre-Charles, il était arrivé à madame Gervaisais de perdre une vieille femme de chambre qui l'avait élevée. N'ayant pas immédiatement trouvé à la remplacer selon sa convenance, elle avait pris chez elle, en attendant, une ouvrière habituée de la maison et qui y venait en journée deux ou trois fois par semaine. Au bout de quelque temps, trouvant chez cette fille, dont la figure était déjà pour elle une habitude, des soins, des attentions, une distinction de tenue et un agrément de service qui lui plaisaient, elle en faisait sa nouvelle femme de chambre. Ses couches arrivées, elle éprouvait le dévouement d'Honorine qui veillait à son lit dix nuits de suite et la sauvait. Le jour où le médecin déclara tout danger passé, elle la vit entrer le soir chez elle avec un air de malheur : Honorine lui dit qu'elle ne voulait point la tromper, que c'était elle qui avait été dans l'affaire du vol chez madame Wynant, la femme du banquier hollandais, qu'on avait bien reconnu qu'elle était innocente, et qu'on l'avait acquittée. Mais elle avait été en prison avec les voleuses, sur le banc des accusés, entre les gendarmes. Et racontant cela, elle semblait presque en avoir gardé la honte sur elle. Depuis, elle avait cherché à se replacer, mais quand elle avait avoué son « histoire », on ne l'avait pas gardée; et elle s'était vue forcée d'aller travailler en journée.

À cette confession, le mauvais premier mouvement de madame Gervaisais avait été de la payer de ses soins avec de l'argent, et de s'en débarrasser ainsi. Puis, repensant à ce que cette fille avait été pour elle dans sa maladie, à ce qu'elle lui devait d'une autre reconnaissance, elle rougit presque d'avoir eu l'idée de faire à cette malheureuse un crime d'une erreur de la justice. Elle demanda des renseignements au Président du Tribunal, un ami de son mari, qui avait dirigé les débats de l'affaire : l'innocence d'Honorine ne pouvait faire un doute. Là-dessus, la femme de chambre était restée au service de madame Gervaisais, reconnaissante à sa maîtresse de lui avoir été meilleure que la vie, de l'espèce de courage qu'elle avait mis à la garder, au mépris de l'opinion; heureuse dans la maison, mais conservant du soupçon, de l'injustice qui avait pesé sur elle, un fond d'amertume contre le monde entier. Elle n'avait jamais pu oublier. Et il lui revenait à tout moment comme les crises d'un cœur brisé qui éclatait en accès nerveux de passion étouffée pareils à celui de ce jour. Elle croyait qu'elle avait laissé de l'honneur de son honnêteté sur le banc du tribunal. Elle sentait vaguement ce qui reste de suspicion ou au moins de prévention contre une *jugée* comme elle. Son acquittement ne l'avait pas lavée à ses yeux même d'une espèce de souillure pour toujours, et dont elle acceptait quelque chose.

Aussi n'avait-elle jamais voulu se marier. Son unique attachement était cette mère et son enfant, les deux êtres auxquels elle s'était vouée corps et âme, véritablement donnée et damnée, les enveloppant d'un amour jaloux, enragé, dévorant. Toutes ces expressions se peignaient sur son visage jeune et joli, mais tiré, contracté, devenu dur, presque méchant, sous le tourment de son passé et de ses défiances; et derrière les talons de cette mère et de ce fils, elle avait l'air de ces chiens dévoués, mais mauvais, hargneux et japeurs, prêts à mordre ceux qui s'approcheraient de trop près.

Honorine était rentrée.

— Appelez une voiture sur la place, — lui dit madame Gervaisais.

VI

— Au Forum... — dit madame Gervaisais.

La calèche remonta une grande rue, bordée de boutiques, de palais, d'églises, puis une *via* étroite. Et tout à coup s'ouvrit un espace, une petite plaine abandonnée, un champ vague, une terre de poussière à l'herbe rase.

Le cocher avait arrêté ses chevaux : machinalement, instinctivement, madame Gervaisais se leva.

C'était le *Campo Vaccino* : des portiques survivant à des temples écroulés, des colonnades isolées qui ne s'appuyaient plus qu'au ciel, des colonnes foudroyées soutenant des entablements où des graminées rongeaient des noms d'empereurs, des arcs de triomphe enterrés de vingt pieds et de vingt siècles, des fosses encombrées de fragments et de miettes d'édifices, d'énormes voûtes de basiliques, aux caissons effondrés, repercées par le bleu du jour; — au bout de la Voie sacrée, de grandes dalles gisantes, des quartiers de lave, pavés de feu refroidi, usés par le pas enchaîné des Nations, creusés par les ornières de la Victoire : — ici, la vieillesse d'or des pierres; là, au-devant d'églises, le marbre païen pourri, les troncs de cipolin dépolis, exfoliés, usés du temps, blessés de coups, ayant des entailles comme des armures et de grands trous comme de vieux arbres; — partout des débris formidables, religieux et superbes, sur lesquels semblait avoir passé la rouille de l'eau et le noir de la flamme, un incendie et un déluge, toutes les colères de l'homme et du ciel, — telle fut, dans sa grandeur invaincue, la première apparition de Rome antique à madame Gervaisais.

Elle se promena longtemps sans fatigue, tirant par la main l'ennui traînard de son enfant.

Puis passant l'Arc de triomphe au bout du Forum, elle alla au Colisée. Elle marcha sous ces galeries, pareilles à de gigantesques catacombes à jour portant l'Amphithéâtre colosse sur ces arceaux bâtis de carrés cyclopéens où la furie des Barbares n'a pu faire d'autre entame que des trous de ver; et elle se trouva dans l'arène.

Le soleil y brûlait : elle alla s'asseoir dans l'ombre étroite, tombant d'un des petits autels, à peinture écaillée, qui font le tour du Cirque, et elle embrassa le théâtre immense qui écrasa d'abord son regard et sa pensée.

Des oiseaux volaient familièrement dans le monstrueux nid de pierre : là où pas une place, seulement grande comme une marguerite, n'a été sans sa rosée de sang, de l'herbe poussait, la même herbe indifférente que partout. L'abrupt du roc envahissait les gradins; les loges dégradées redevenaient des trous fauves, les cavernes même d'Afrique où Rome allait chercher les lions dont elle appauvrissait les déserts pour les plaisirs de son Peuple-Roi. Des arbres poussaient, des forêts de broussailles grimpaient de bancs en bancs, sautaient des trous de quatre-vingts pieds d'ombre. La ruine revenait à la nature, comme elle y revient à Rome, avec la pierre qui retourne au rocher, le marbre qui retourne à la pierre, les thermes qui se transforment en grottes, les palais que le sol nivelle, les dômes que fait éclater une racine d'arbuste, les blocs que détache un grain tombé d'un bec de moineau, les colisées où se fouille la carrière comme au flanc inépuisable d'une montagne, les tombeaux qui s'ensevelissent eux-mêmes, les statues rechangées en cailloux, — toutes les revendications et toutes les reprises de la terre éternelle sur la Ville éternelle.

Peu à peu, madame Gervaisais s'abîma dans une contemplation sévère et dans des méditations hautes. Des lectures lui revinrent, des pages d'histoire se réveillèrent dans sa mémoire. Lentement, il se fit en elle-même une évocation de ce qui s'était succédé là. Elle se rebâtit toute vivante cette grande scène où s'étaient rencontrées, comme des deux bouts et des deux extrémités du cœur humain, la passion de voir mourir et la folie de mourir... Elle rêvait, elle songeait, quand des cris déchirèrent le vaste repos du lieu cruel : des gamins déguenillés poursuivaient des lézards, en plaquant la corne sonnante de leur pied sur le gradin touché de la robe des Vestales, ou sur la voûte de travertin d'une Porte Libitine.

Le soir, la journée lui revint. Son fils couché, et reposant avec le souffle de ses bonnes nuits, elle partit pour revoir le Forum.

Elle s'appuya au parapet du chemin en escalier qui monte au Capitole : sa silhouette se dessina sur

les cannelures cassées de l'Arc de Septime Sévère.
Et perdue en une mélancolie pensive, elle regardait le sublime décor de l'obscurité, l'immobilité des ruines, leur profondeur sombre, l'auguste sommeil de la nuit sur leur solennité solide, l'ombre d'ébène du Capitole sur le groupe des trois colonnes, la majesté grandie et la solitude déserte de ce portique sur le vide barrant le ciel et ses étoiles. Au loin, sous la courbe du grand arc triomphal, parmi la clarté nocturne, blanchissait une espèce de vallée de Mânes, une sorte de promenade élyséenne et virgilienne, où le rare passant du sentier devenait une apparence vaporeuse. Et tout eût dormi là, sans un grillon qui, avec le cri incisif d'un ciseau dur, coupait les secondes aux pieds des monuments ruineux, mais immortels et sourds aux heures.

VII

Le lendemain de cette grande journée de fatigue, madame Gervaisais commençait une vie régulière, uniforme, une vie coupée de petites courses, de promenades qu'elle ne pressait pas.
Levée, habillée à huit heures et demie, pour

jouir du matin, elle faisait une marche de près de deux heures avant la chaleur et le feu du jour. Elle allait à une église, à quelque reste ancien, à un marché, à tout ce qui, dans cette ville-musée, arrête le pas et le regard avec un souvenir, une sculpture, un décor, une borne qui est quelquefois le pied de marbre d'un grand Dieu faisant rêver sa statue ! Au sortir de Paris, du moellon moderne, de la pierre neuve, de la cité sans art, la Parisienne goûtait un plaisir d'artiste à errer par cette cité d'histoire, pavée, bâtie, reconstruite avec les chefs-d'œuvre et les fragments précieux des siècles.

Elle s'intéressait à ce pittoresque des murs, des cours, des palais, des masures, des pans du passé où s'ouvrait parfois, comme la bouche sauvage et fraîche d'un antre, un trou noir de fruiterie, enguirlandée de verdures, d'herbes et de chevelures de fenouil. Partout, elle trouvait des tableaux qui lui faisaient regretter cet abandon de la peinture, ce sacrifice d'un des goûts les plus chers de sa vie que les médecins avaient exigé et obtenu d'elle. Et presque toujours elle revenait par la rue des *Condotti*, la rue de la *curiosité*. Elle faisait des stations aux boutiques de mosaïques, de bijouterie, aux devantures des antiquaires, à l'étal du bric-à-brac antique, aux vitrines poussiéreuses encombrées de lampes étrusques, de majoliques, de fragments de lacrymatoires irisés, de sébilles de vieilles monnaies : elle fouillait ces fonds de magasins obscurs, capharnaüms où étaient enterrés des bustes, des cabinets florentins, des coffrets en porphyre, des marbres et des ors qui luisaient. Souvent elle entrait en levant le filet bleu ou brun qui fait aux boutiques, d'un treillis de soie, une porte aérienne : elle retournait un objet, le marchandait, l'emportait.

Elle était toujours rentrée avant onze heures, l'heure de son déjeuner. Elle déjeunait lentement, prolongeant ce tête-à-tête avec son enfant à table, comme un repas d'amoureux. Le déjeuner fini, elle avait l'habitude de jouer du piano jusqu'à l'arrivée d'Honorine qui venait prendre Pierre-Charles pour le faire dormir tout habillé sur son lit. Seule alors, elle s'installait à sa place aimée. Passant là les heures du soleil, elle usait leur lourdeur dans une vague rêvasserie de sieste, une sorte de sommeillement d'idées : et au milieu du demi-jour de la chambre, elle restait les yeux ouverts, et presque endormis dans la transparence molle de cette pénombre faite par les persiennes fermées, un peu soulevées seulement sur leurs fourchettes, au bas de la fenêtre ouverte où jouait un petit triangle de lumière.

De temps en temps, elle suivait entre les lames des persiennes le spectacle changeant de la place d'Espagne, l'avancement de la journée sur le grand escalier de la Trinité-du-Mont abandonné peu à peu, avec la marche des heures, par l'ombre de la grande maison à sa droite. Le jet d'eau se levait, argenté, retombant en blanc de perles dans la vasque noire de la fontaine en bateau et rappelant la *nef* d'une ancienne table : à côté des hommes couchés dormaient comme à la marge d'une source. Une boutique d'*acquaiuolo* était là, avec sa tente de toile à matelas appuyée au haut de la haute borne fleurdelysée. Sur l'escalier se faisait l'ascension lente et balancée, la montée sculpturale des Romaines, portant des paquets sur la tête, tandis que sur ses côtés, les « modèles » assises attendaient leur séance de cinquante baioques, et que des chiens à vendre tiraient sur leur corde attachée dans le trou d'une marche de pierre.

Quatre heures arrivaient. Une voiture, appelée de la place, l'emportait au Pincio, et la promenait deux heures, lui faisant gagner le dîner. Le plus souvent, après son dîner, elle ne sortait pas, demeurait à la fenêtre, écoutait le bruit décroissant de la place...

Peu à peu les deux campaniles de la Trinité-du-Mont devenaient pâlement blancs sur le ciel pâlement bleu. Madame Gervaisais se mettait à raconter des contes à son enfant qui, fatigué, les paupières battantes, ne les écoutait bientôt plus, mais voulait toujours entendre la voix de sa mère. Honorine apportait dans le sombre de la chambre la lampe à abat-jour du pays. L'enfant mettait un moment ses doigts aux points de feu qui représentaient dessus « l'illumination de Saint-Pierre » et « la girandole de la place du Peuple ».

Alors Honorine l'emmenait.

Madame Gervaisais assise à son bureau veillait jusqu'à dix heures; de temps en temps elle avançait un peu la tête, regardait dormir la grâce de son enfant. — A dix heures, elle se couchait et s'endormait à ce bruit d'eau, à l'harmonie liquide de ces fontaines qui sont à Rome la musique berçante de la Nuit jusque dans les cours des hôtels.

VIII

Rome est la ville des bouquets.

Aux coins des rues, à la rue des *Condotti*, à la rue *del Babuino*, les fleuristes étalent, sur de petits reposoirs rustiques, les bouquets bariolés, cueillis tout vifs à ces bas jardins du Pincio, où monte, semblable à une fanfare, la flore éclatante et criarde du pays; à côté de ces bouquets, ces bouquets aux teintes mariées, harmonisées dans le tendre et le doux des nuances, vrais chefs-d'œuvre de la *fioraia* romaine; et ces bouquets encore qui ne sont plus des bouquets, mais des paniers fleuris, de petits guéridons de roses sur un lit de fougère, avec des anses de roses, des corbeilles de camélias blancs sur lesquels rondit une branche de lilas blanc, ou d'azalées légères comme des gazes, des paniers de cette petite fleur qu'on nomme *ida*, un souffle, une poussière de fleur.

Tous les jours, madame Gervaisais revenait de sa promenade du matin avec un de ces paniers. Les fleurs, pendant la journée, s'épanouissaient dans la pièce où elle se tenait; et avec la fin du jour elles commençaient à mourir en suavités exquises, en parfums expirants, comme si de leurs couleurs fanées s'exhalaient leurs adieux odorants. Bientôt ce fut un besoin dans la vie de madame Gervaisais que ce bouquet, mettant une respiration auprès d'elle, un rayon dans sa chambre, presque une compagnie dans sa solitude. A regarder un camélia luisant et verni, une rose aux bords défaillants, au cœur de soufre où semble extravasée une goutte de sang, ses yeux avaient une volupté. L'éclat, la gaieté, l'illumination de la fleur, sa vie légère et tendre, l'immatérialité de ses couleurs de jour et de ciel, madame Gervaisais ne les avait jamais perçus jusque-là comme elle les percevait; et la jouissance de cette sensation était pour elle toute nouvelle et imprévue. En France, ainsi que toute femme qui est une femme, elle s'entourait bien de fleurs, mais elle n'avait jamais senti cette émanation de l'âme de la fleur. Elle s'étonnait de ce raffinement d'impression qui lui était venu depuis son séjour à Rome, avec tant d'autres acuités de perceptions. Elle se demandait si, aux pays et aux peuples qui s'approchent du soleil, il n'est pas donné un organisme plus sensibilisé qu'ailleurs, plus fait pour goûter et embrasser les séductions simples des choses naturelles, d'une lumière, d'une couleur, d'une fraîcheur, d'un beau bouquet, d'un beau ciel, d'un bonheur quelconque, que la terre offre là pour rien. Elle se rappelait un verre d'eau qu'elle avait bu, un des premiers soirs, à une porte d'un petit café, et qu'elle avait savouré comme la meilleure boisson qu'elle eût jamais bue. Il lui semblait que ces pays chauds avaient ainsi toutes sortes de petites félicités de sol et de climat ignorées des pays froids, une magique *acqua felice* coulant un peu partout pour tous. Et de jour en jour elle sentait des riens de sa vie prendre pour elle l'intensité d'agrément, de plaisir, que les riens ont dans l'amour. Tous ses sens, dans ce Midi, s'affinaient, devenaient délicats et poëtes.

IX

Avec cette disposition, cette ouverture aux jouissances naturelles que les natures fines et choisies éprouvent au bout de quelques semaines de séjour à Rome, la visite à la villa Pamphili fut un enchantement pour madame Gervaisais.

Sa calèche passait sous l'arc d'entrée garni de ces jardinières faites de sarcophages où un buisson épineux s'élance du trou vide d'une cendre antique. Et elle se trouvait sous une voûte de verdure, haute, serrée et sombre, piquée çà et là de petites raies du soleil qui avaient l'air d'éclairer de la pluie toute fraîche tombée sur le lisse noir des feuilles. Le bois, s'ouvrant à tout moment, laissait apercevoir, à droite et à gauche, des haies d'aloès, des ravins veloutés de gazon, des touffes lumineuses d'argentéa, des pelouses étincelantes, des brillants d'herbe, des coins d'ombre tremblante où dormait une inscription sur un bout de pierre sortant de terre, une rampe de verdure, de débris antiques, d'arbrisseaux de fleurs, montant à ce fond magique du parc, à sa couronne de pins d'Italie, à cette perspective fermée par des étages d'arbres aux têtes pareilles à d'immenses bouquets portés l'un sur l'autre, épanouis et arrondis sur l'azur. Et parfois, à un tournant de la route sur la campagne, la grandeur inattendue du dôme de Saint-Pierre, s'encadrant dans une échappée, comblait le ciel.

La grande allée la menait ainsi au petit palais de la villa, à ces murs plaqués de bustes, de statues, tout incrustés de bas-reliefs en ronde bosse, bijou de l'Algarde qui ressemblait, éclatant de blancheur entre le jour vif et le feuillage dense, au modèle en plâtre d'un cabinet d'orfévrerie du xvie siècle florentin. Et de là, devant elle, s'étendait et se déroulait, dans sa pompe, sa splendeur, son triomphe, sa végétation de fête, son architecture d'opéra, sa magnificence de félicité, de volupté et d'amour, le jardin italien, le divin jardin d'Italie. Au bas de la terrasse chargée de grands pots de terre cuite aux armes d'un pape, au delà de petits parterres aux arabesques à dessins de cailloutis, cerclés de la chenille courante d'une bordure de buis, elle embrassa le décor d'escaliers et de rampes, de statues et de portiques, qui mêlent à la nature les beautés d'un palais, ces murailles d'ornement où montent les floraisons éclatantes, violettes, blanches, jaunes d'or, qui ne font plus que des treilles de fleurs sans feuilles, ces fontaines sur lesquelles se penche un fleuve fruste, envahi d'enfants à demi rongés par le temps, ces eaux courantes, ces eaux sommeillantes, ces îles de deux arbres au milieu de ces petits lacs aux bords de citronniers ; tout un paysage d'une telle illusion de ravissement que c'était pour madame Gervaisais un paysage d'imagination, un endroit d'idéal qu'elle aurait déjà vu dans un poëme. Elle se crut dans un chant du Tasse, et le souvenir lui revint des jardins d'Armide.

Elle s'accouda à la terrasse. L'air de la journée à la fois chaude et ventilée, cet air romain caressant la peau du flottement et du chatouillement d'une étoffe soyeuse, ce souffle subtil, vif, léger, si agissant sur la fibre des mélancolies septentrionales; autour d'elle, cette apparence de bonheur que tout semblait avoir là, ce qui se levait partout de joie, de paix splendide, l'universelle sérénité, amenèrent chez elle une absorption contemplative où, se dégageant d'elle-même et se laissant glisser à la douceur environnante, elle demeura quelque temps amollie, détendue, dans une délivrance de ses idées; un paresseux lazzaronisme d'âme.

Puis elle descendit dans le parc et y trouva de belles surprises : ici, un chêne vert, solennel, ayant sur son écorce une patine de métal et la rugosité d'une peau de bête centenaire, barrant la route d'un rejeton de branche qui était lui-même un autre arbre d'un verdoiement sourd, éclairé du reflet toujours remuant d'une eau jaillissante au-dessous de lui; là, une haie de camélias plaquant ses feuilles et ses fleurs de cire contre le rocailleux d'une galerie de rochers. Au milieu d'un tapis vert, en plein soleil, le marbre d'une colonne brûlait de blanc devant un dattier, faisant songer à la borne d'un dernier pas d'une armée de Rome dans une oasis de Libye. Plus loin, des hémicycles de pierre à pilastres, à balustres, à niches, s'arrondissaient en espaliers sauvages, hérissés et colères, où se tordaient les yukas serpentins, les cactus piquants. Et des fraîcheurs de fontaine jaillissaient, avec des éclairs de buissons, de roseaux mouillés et dont les lances égouttaient de la lumière humide.

Elle arriva ainsi, au bout du jardin, à cette colonnade penchée des grands pins d'Italie, dressant en ligne la majesté de leurs nefs à jour. Et à mesure qu'elle avançait sous ce grand bois monumental, aux troncs gris, aux parasols entre-croisés de branches violettes, à la chaude verdure de mousse et de cendre verte, elle trouvait une élégance grandiose et un élancement oriental à ces palmiers de l'Italie, dressés sur ses terrasses, sur ses palais, ses églises, ses collines en rois de l'horizon. Ils lui apparaissaient comme les arbres de soleil, de luxe et de représentation, sous lesquels on se figurera toujours les jupes d'un Décaméron abrité par l'ombre de cette cime qui fait à l'œil l'illusion unique d'élever, de reculer, d'éclairer le bleu du ciel.

L'enfant un peu las d'aller, de marcher, de

chercher dans l'herbe, était resté attardé à quelques vingt pas en arrière quand tout à coup sa mère retourna la tête à une voix d'Italienne chantant un morceau d'opéra : c'était, au milieu d'un cercle de quelques promeneurs arrêtés, une femme pauvrement et décemment vêtue, derrière laquelle se tenait un vieillard ayant en main un violon qu'il laissait muet. Et tout à fait près des chanteurs, assis sur un tronc de pin abattu, madame Gervaisais aperçut son fils dont la petite main levée au-dessus de sa tête menait le rhythme du chant avec une fleur qu'il promenait dans l'air, ainsi que le bâton d'un chef d'orchestre. Tout le monde le regardait, regardait sa beauté, son regard profond, le blanc venu à son front au-dessus de ses sourcils, ce soudain rayon d'intelligence et de passion, cette espèce d'envolée de tout le petit être dans le chant de la grande artiste en plein vent. Et le vieillard même, avec sa tête de vieux chanteur, grave et triste, suivait la main de l'enfant, lui souriant comme du fond de ses eunes années, gaiement ému, les yeux à demi fermés.

X

La vie de madame Gervaisais continuait, occupée, enfermée. Les longueurs des journées et des soirs, elle les oubliait dans les livres, restant assise sur son canapé souvent des heures, sans se lever, à lire, à prendre des notes dans ce qu'elle lisait, à se perdre dans des réflexions, à la fois distraites et tendues, qui lui faisaient de temps en temps relever sur ses tempes, de ses doigts longs, les bandeaux détachés et rigides de ses cheveux noirs.

A ces moments, sa beauté se levait d'elle, une beauté d'un caractère et d'un style supérieurs à l'humaine beauté de la femme : ses grandes masses plates de cheveux en nimbe, son front bombé et lisse, ses grands yeux qu'on eût dit lointains dans l'ombre de leur cernure, ses traits à fines arêtes, auxquels la maladie avait fait garder, à trente-sept ans, la minceur de leur jeunesse, une peau pâle, même un peu brune, mettaient chez madame Gervaisais la séduction attirante et étrange d'une personne à part, inoubliable, profonde et magnétique, d'une pure vivante de pensée, à peine terrestre, et dont le visage ne serait plus que celui d'un esprit.

Et chez elle encore, la longueur du cou, l'étroitesse des épaules, l'absence de poitrine, le néant du haut du corps dans l'étoffe qui l'enveloppait en flottant, une maigreur sans sexe et presque séraphique, la ligne austère d'une créature psychique, ajoutaient encore à cet air au delà de la vie qui donnait à tout son être l'apparence d'une figure de l'extra-monde.

Sur la petite étagère en bois tourné, attachée au mur par quatre tresses de soie jaune, étaient, à portée de sa main, ses livres amis, portant ces noms graves : Dugald-Stewart, Kant, Jouffroy.

XI

Il y eut, sous le règne de Louis-Philippe, une petite élite de femmes bourgeoises qui eurent le goût des choses d'intelligence : presque toutes n'ont laissé que la courte mémoire d'un salon étroit, et parfois quelques pages discrètes que relisent des amis.

Madame Gervaisais était un exemple et un type de cette race de femmes presque disparue aujourd'hui. Son intelligence, née sérieuse, s'était trouvée portée par la vie vers les études sérieuses. Ayant perdu sa mère tout enfant, élevée par un vieillard, elle ne se rappelait guère de son enfance qu'un vieux et sombre cabinet de lecture du passage de l'Opéra où son père allait lire les journaux et où, à force de supplications, elle obtenait d'être laissée par lui pendant la promenade qu'il allait faire jusqu'au dîner. Heures de bonheur de la petite, blanche et rose, loin du soleil qui l'appelait sur la porte, disparue entre les noirs et éternels liseurs de gazettes, enfoncée et perdue dans la lecture céleste d'un innocent bouquin du vieux fonds. Ses seules poupées avaient été cela : les livres de ce cabinet de lecture.

Chez la jeune fille, la musique et la peinture étaient venues s'ajouter à la lecture pour remplir le temps solitaire d'une existence ignorant le monde et déjà tout intérieure.

Ainsi grandie, élevée sous l'âme sévère de son père, dans un air stoïque et à l'écho presque antique des souvenirs qu'apportaient tous les soirs au foyer de vieux amis politiques, camarades des mêmes destins ; ayant eu autour d'elle, dès sa première jeunesse, la leçon de mâles idées et de libres principes, le bruit des systèmes du dix-huitième siècle agités dans la maison, — son esprit, en se formant, avait passé du frivole plaisir et du creux dasse-temps des lectures faciles aux livres qui sollicitent l'effort et donnent la méditation, à ces livres posant à la raison les plus hautes questions qui se dressent devant l'énigme du monde, aux livres d'histoire, aux livres de science, aux livres de philosophie.

C'était surtout dans ces derniers qu'elle avait trouvé comme une révélation d'elle-même. Elle y avait reconnu son désir non défini de s'élever, selon la parole de Platon, de la scène instable de la vie, de la nature continuellement changeante, à ce qui ne change pas, aux vérités immuables, absolues, demeurantes, aux Idées. Une curiosité supérieure et dominante s'emparait d'elle et la poussait à chercher le mécanisme secret des facultés, à essayer d'entr'ouvrir le sanctuaire voilé et caché des pensées et des sensations, à étudier sur sa propre intelligence l'esprit humain tout entier. Différente de la plupart des hommes et des femmes dont l'attention s'échappe au dehors et gravite autour des objets extérieurs, elle apportait à cette analyse, un don personnel, la perception d'un sens intime, infiniment délicat, exercé à suivre en elle l'action pensante, la série des impressions, des opérations intellectuelles, des déterminations volontaires, de toutes ces modifications qui sont les faits de la conscience.

Étude profonde : toute repliée et retournée en dedans, souvent dans le silence où les oreilles n'entendent pas, quelquefois dans l'obscurité où les yeux ne voient plus, dans la solitude où elle s'occupait à creuser l'invisible et l'inconnu de son être moral, à interroger les mouvements de sa sensibilité, les phénomènes habituels de son *moi*, elle parvenait à une remarquable puissance d'observation interne : peu à peu elle se forçait à sentir des choses que les autres ne sentent pas ; et avec l'espèce de lucidité de « voyante » qui lui venait pour ce monde indistinct, fermé à l'aveuglement du commun des vivants et si ténébreux encore pour la science elle-même, elle apercevait par instants à l'horizon, à travers le déchirement d'un vaste voile, des éclaircies qui doivent faire un jour la lumière sur tous les grands mystères de l'humaine pensée.

Ses initiateurs, ses guides, au milieu de cette poursuite des plus écrasants problèmes psychologiques, avaient été ces deux maîtres de la sagesse moderne : Reid et Dugald-Stewart, les illustres fondateurs de l'École écossaise, les ennemis de la méthode analogique et hypothétique des écoles anciennes. Après avoir traversé tout le scepticisme de Locke, le matérialisme de Condillac, elle éprouvait pour ces deux philosophes la reconnaissance d'avoir eu, par eux, la délivrance d'une oppression, d'avoir, par eux, respiré sur ces purs sommets, pareils aux hauteurs du « Bon Sens », où Reid rend à l'homme le sentiment de sa dignité et base la morale et la métaphysique sur la puissance et l'excellence de la nature humaine. Et au culte de Reid elle associait celui de Kant, qui pour elle avait fait découler la liberté, l'Homme-Dieu, du beau principe désintéressé qui est pour lui comme l'honneur de l'humanité et la clef de voûte de sa philosophie : *le Devoir*.

Madame Gervaisais était donc une philosophe; mais une philosophe qui était restée tout entière une femme. De la femme elle avait gardé l'aimable désir de plaire, et même ce sentiment de coquetterie générale qui laisse se faire autour d'elle l'amitié un peu amoureuse. Elle aimait la vie, avec les choses qui sourient à l'élégance, au goût, au caprice même de son sexe. Une robe était une robe, une parure était une parure pour elle comme pour une autre. Gaie et rieuse à ses heures, on eût dit que, sous la gravité de son esprit, elle avait gardé de l'enfant et de la jeune fille; et le plus souvent, elle s'enveloppait d'une fantaisie malicieuse, s'abritait derrière un paradoxe léger masquant à tous le *blue-stocking* et le penseur.

XII

Une grande tâche l'avait d'ailleurs, au début de sa vie, grandie et mûrie.

Sa mère était morte en couches, donnant le jour à un frère dont elle était l'aînée de huit ans. Toute petite, elle se fit, du plus petit qu'elle, la berceuse, la petite mère. Puis, lorsque ce frère eut grandi, il vint à la studieuse jeune fille qu'elle était déjà l'ambition d'être la maîtresse de son éducation, d'élever et de former cette naissante intelligence avec ce que les leçons de femme ont d'adresse persuasive, de douce insinuation, de tendre autorité. Elle rêvait de créer dans ce frère aimé un homme selon l'idéal qu'elle s'en faisait, et chez lequel elle trouverait plus tard la sympathie d'une pensée à l'unisson et presque jumelle de la sienne. Elle se vouait donc à ses études avec l'orgueil de tout son cœur. Le collége n'avait point interrompu cette direction. Les jours de sortie ne suffisaient pas aux causeries, aux épanchements, à la communion des idées entre la sœur et le frère. Deux ou trois lettres par semaine, écrites pendant une récréation ou une veillée, venaient consulter la sœur, qui s'était mise de son côté à faire, année par année, les classes du collégien, apprenant tout ce qu'il apprenait et se faisant le répétiteur patient de ses leçons, de ses devoirs, de ses compositions.

Arrivait l'heure inquiète et critique où, chez le jeune homme, la foi de l'enfant, dont la première communion s'efface, entrait en lutte avec ses premiers doutes : le frère exposait son âme à cette sœur qui était pour lui plus qu'une sœur, comme une mère, un ami et un confesseur. A ces confidences venues à elle, sans qu'elle les eût sollicitées, la jeune fille répondait franchement par la communication de notes, de recherches, un long travail dont elle sortait, et qui rejetait absolument le surnaturel, tout en gardant un respect de femme pour la personne du Christ. A la suite elle lui traçait un *plan* de lectures, d'études philosophiques, éclaircies par des résumés, des analyses, les points de repère d'une pensée libre jalonnant, pour la pensée qui la suit, le chemin d'une religion du Beau, du Vrai, du Bien.

Dès lors, de la sœur au frère, du maître au disciple, ce fut un continuel échange, un entretien presque non interrompu de leurs deux esprits affranchis, causant familièrement de l'Infini, de la

Réalité supérieure, unique source de toute existence et de toute causalité : originales causeries, se croisant d'abord entre une salle d'étude de l'École polytechnique et une petite chambre aux rideaux frais de la rue du Helder; plus tard, entre le dernier bivouac français du Sahara arabe, *El Hadjira*, l'oasis à vingt lieues de Tougourt, et le boudoir de la parisienne mariée; se rencontrant maintenant, sur le chemin de la mer, de Rome à Oran où venait d'être envoyé le frère de madame Gervaisais, nommé, à la suite de la campagne de Crimée, lieutenant-colonel d'artillerie.

C'était à ce frère que madame Gervaisais écrivait de Rome :

« . . . .
. . . .
. . . . . Je revenais en voiture par le Corso : c'était quelques jours seulement après mon arrivée. Je m'étonnai de voir toutes les fenêtres, tous les balcons, avec des tentures rouges bordées d'or, d'anciennes tapisseries aux façades des palais, du monde plein la rue qui semblait attendre. « La procession ! » me dit mon cocher ; et il rangea sa voiture sur la place Trajane. De là, je regarde... Attends un peu que je me rappelle tout le défilé : d'abord des baïonnettes ... — ici

force armée précède Dieu ; puis des lustres allumés dans du soleil, puis une grande, très-grande bannière, brodée et peinte, où des gouttes de sang pleuraient sur une face de Christ, et qui s'avançait entre deux lignes de pénitents blancs, au camail bleu ; d'autres bannières encore, au milieu de majordomes tout galonnés d'armoiries et de files interminables de prêtres noirs avec des cierges ; après cela, une énorme croix noueuse, un gros arbre de fosse à ours, que tenait en équilibre contre son ventre un Hercule de confrérie, geignant et suant ; sous un dais, entre des prélats d'or et de soie, l'Eucharistie encensée par un enfant en costume d'ange ; enfin, fermant la marche, la grande pièce montée de la cérémonie, une chapelle tout entière, un autel où brillait le métal d'un cœur de fer-blanc percé de sept épées — une machine que des cordes et les épaules de seize hommes — ils étaient seize, j'ai compté — avaient peine à soutenir et à maintenir. Et la musique, à toutes les stations de la longue et lente procession ! Si tu savais ! une vraie musique de foire, des fanfares et des aubades à la Croix où dominait la grosse caisse ! Et l'émerveillement qui suivait ! l'enivrement fanatisé, et les cris, et la foi de cette populace d'âmes !... Comment te dire toutes ces choses? Il faudrait une autre plume que celle de ta sœur...

« Tu aurais peut-être ri devant cette dérisoire et barbare ovation ; moi, je ne sais pourquoi, je n'ai pas ri. A mesure que cela marchait, une tristresse de dégoût me prenait, me serrait le cœur. L'image que nous nous sommes faite à nous d'un Dieu était si peu celle-là, n'est-ce pas, ami? Je me disais : c'est pourtant la foi de la civilisation ; et je ne voyais qu'une sauvage et toute brute idolâtrie d'Orient, un peu de la ruée de l'Inde sous une idole de Jaggernat! J'étais atteinte, touchée, humiliée au plus profond de moi par cette extériorité et cette grossièreté figuratives, par ce symbolisme outrageusement humain. Impression bizarre, confuse, mais sincère et poignante, je t'assure. Je souffrais de cette scandaleuse dégradation d'un culte qui me paraissait profaner des croyances que ma vie a quittées, mais que je n'ai jamais aimé à voir outrager. Ce qui se passait devant moi et ce qui eût dû me laisser indifférente ou simplement curieuse, me faisait souffrir sans que je pusse bien clairement m'expliquer cette souffrance. En y réfléchissant, je pense maintenant que j'étais blessée dans le sentiment élevé, délicat et pudique que toute intelligence distinguée se forme de la conception des rapports de la créature avec un créateur. Enfin, quoi que ce fût, en revenant par le Corso vide, j'ai roulé beaucoup d'idées là-dessus, me demandant s'il fallait, dans ce pays-ci — et peut-être partout — tant de matérialité, tant de spectacle, tant de réalité basse, tant d'efforts de muscles d'hommes, pour faire ce qu'on appelle une religion !

. . . .

. . . .

« De temps en temps il me tombe entre les mains un journal catholique sur lequel je jette les yeux. On nous y traite sans politesse. L'autre jour j'y ai lu que les libres penseurs et les philosophes avaient eu pour *progenitori* les orang-outangs... »

XIII

C'était l'habitude de l'enfant, après le déjeuner, de prendre sa mère par la taille, de l'entraîner au piano, et avec la supplication de son visage et de ses mains tendres, il l'asseyait presque de force sur le tabouret. Puis, tout serré contre elle, la tête penchée et reposante entre l'épaule et la joue maternelles, il écoutait, suivant le mouvement du corps aimé, et recevant en lui la musique des doigts de sa mère sur l'instrument sonore.

— Encore ? Tu veux que je joue encore ?

L'enfant répondait — « oui » — du menton et des yeux au baiser que sa mère retournait sur lui. Toujours embarrassé de parler, honteux des mots brisés et estropiés qui lui sortaient de la bouche, il tâchait de tout dire par tout ce qu'il faisait dire à sa physionomie vive, à son ardent et mobile regard, à la mimique de sa sensibilité ; et ses impressions, ses désirs, ses demandes, les secrets de sa secrète petite existence étouffée, allaient à sa mère en gestes attoucheurs et caressants, remontant le long de son bras, vers son cou avec de petits serrements pressés, une espèce de pianotage, errant et expressif promené sur elle.

— Parle donc, mon paresseux chéri... — lui répétait sa mère ; mais elle avait presque aussitôt la bouche de l'enfant sur la sienne ; et elle se remettait à battre les touches mélancoliquement.

Pierre-Charles était né d'une couche violente, d'une couche où les fers l'avaient tiré à la vie et où son délicat petit crâne avait été froissé et comprimé par l'instrument brutal. A l'âge où les enfants parlent et où les mères attendent, sa malheureuse mère avait eu l'imprévue douleur de ne point entendre la parole des autres enfants monter aux lèvres de cette petite figure d'intelligence : celle de son fils était si embrouillée, si difficile, si peu formulée et compréhensible, qu'elle fut longtemps à aimer encore mieux qu'il ne parlât pas quand les étrangers étaient là. Elle attendait encore, croyant au temps, à une crise, à la vague Providence, plus souvent désespérée, le voyant pour toujours ainsi.

Et cependant son fils, dans l'atropniement de son cerveau et de sa langue, montrait, en grandissant, une faculté, un sens rare et unique, un véritable génie musical d'enfant, une précocité de prodige pour saisir, comprendre, retenir, goûter, savourer ce qu'il entendait. La musique devenait sa passion, le plaisir, l'intérêt, l'expansion de sa vie rétrécie et incomplète ; et avant de l'emmener en Italie, la plus grande joie que la mère pouvait donner à l'enfant, joie qu'il attendait dans la fièvre, c'était de le mener tous les mardis à l'Opéra : le lendemain, Pierre-Charles passait obstinément sa journée entière enfermé dans le cabinet aux robes, à tambouriner sur les vitres tous les grands morceaux de la veille.

La musique et un cœur, — c'était tout cet enfant, un cœur où semblait avoir reflué, l'élargissant, ce qui lui manquait de tous les autres côtés. A aimer il mettait de la joie et du bonheur, des finesses et des délicatesses inattendues, une affectuosité inventive, un art adorable de la caresse. Il avait un instinct exquis, l'intelligence innée des malheureux comme lui pour reconnaître l'affection des gens; et quand, par la fenêtre, il voyait arriver une personne qu'il sentait bonne et aimable, courant à son coup de sonnette, il se donnait à elle, dès l'antichambre, dans un accès fiévreux de gaieté, sautant sur ses deux pieds comme un petit fou, s'essoufflant à dire : — « Pierre-Charles content! content! content!... » Puis s'accrochant d'une main chaude à la main de la dame ou du monsieur, il ouvrait le salon de sa mère, restait les yeux heureux, rapproché, sur un coussin par terre, du visiteur ou de la visiteuse, suivant les mots pendant qu'on causait. Quand on se levait, il ne voulait pas laisser partir la visite, la retenant, s'y cramponnant, se mettant, avec une petite force de désespoir, devant le départ pour l'empêcher. Il percevait autour de lui le beau ou le vilain temps de l'âme des gens, quand ces gens lui étaient amis, sympathiques et chers; tristes, il les enveloppait de son effusion muette, leur donnait des regards doux, levait sur eux une espèce d'interrogation qui paraissait les comprendre. Les impressions les plus passagères, les plus fugitives sur la figure de sa mère, sur celle d'Honorine, il les saisissait; et elles se grossissaient chez lui en un bonheur ou en un chagrin. Et telle était l'impressionnabilité de ce petit être que sa mère, oubliant un moment de retenir en lui parlant la plus légère note d'impatience ou d'irritation, voyait aussitôt des larmes rouler dans les yeux du pauvre enfant de trop de cœur.

Aimant des personnes, il était aimant des objets même d'où lui venaient son plaisir, son amusement, sa récréation : il embrassait les jouets avec lesquels il venait de jouer.

XIV

Une après-midi de la fin d'avril, en passant contre la fontaine Pauline et les trois torrents versant l'eau Trajane avec le bruit de cataractes, sur la plate-forme de cette rampe qui descend en tournoyant l'ancien Janicule et où cheminent lentement des capucins et des ânes chargés d'herbages, madame Gervaisais fit arrêter sa voiture devant cette grande Rome, répandue, éparse, au bas du mont, sous un éclairage étrange.

Dans un jour voilé de cinq heures, sous un lourd et pesant nuage violet, crêté de blanc, elle avait à sa gauche, au delà du fort Saint-Ange, les lignes d'une campagne verdoyante avec la levée de deux mamelons pareils à des *tumulus* de peuples enterrés ; à droite, par-dessus le Palatin, le bleu sourd des collines où se cache Albano ; et devant elle toute la plaine bâtie, l'infinie étendue de Rome, un chaos et un univers de pierre, un entassement, une mêlée, une confusion, une superposition de maisons, de palais, d'églises, une forêt d'architectures d'où se levaient des cimes, des campaniles, des coupoles, des colonnes, des statues, des bras de ruines désespérés dans l'air, des aiguilles d'obélisques, des Césars de bronze, des pointes d'épées d'anges, noires sur le ciel.

Vaste panorama en amphithéâtre que cette capitale de Dieu, portée et étagée sur ses sept collines et montant, par des escaliers de monuments et des assises de temples, à ces belles lignes acropoliennes qui l'arrêtent, la profilent et la font trôner sur l'horizon !

Une solennité immobile et muette, une grandeur de mort, un repos pétrifié, le sommeil d'une ville endormie par une puissance magique ou vidée par une peste, pesait sur la cité sans vie, aux fenêtres vides, aux cheminées sans fumée, au silence sans bruit d'activité ni d'industrie, où rien ne tombait qu'un tintement de cloche, espacé de minute en minute. Mais c'était le ciel surtout qui donnait à tout une apparence éteinte avec une lumière grise et terne d'éclipse, empoussiérant le mousseux des toits, le fruste des murs, enveloppant une Rome jaune et blafarde d'un ton qui rappelait à madame Gervaisais des tableaux d'Afrique, des paysages étouffés sous une nuée de désert.

De sa voiture arrêtée elle regardait, quand une voiture la croisa. Un homme en descendit, vint à elle, et avec un geste d'affectueux étonnement :

— Vous, madame !... Vous ? à Rome !... Et pas un mot à l'hôtel Colonna ?... J'aurais eu l'honneur de me présenter chez vous...

— Mon cher ambassadeur, je suis arrivée si malade, si souffrante, que je n'ai vu encore personne. Je voulais prendre un peu l'air du pays... me donner le temps de me reconnaître avant de faire mes visites... et croyez bien que ma première était destinée à madame de Rayneval...

M. de Rayneval s'inclina.

— Vous demeurez ?

— Place d'Espagne, au coin de la rue *delle Carrozze.*

— Mais c'est une sorte de courage d'être sortie, pour vous, aujourd'hui?... Nous avons un affreux *sirocco...*

Et il montra le nuage gris étendu sur la ville.

— Ah! c'est le *sirocco?* C'est cela que je me sentais depuis ce matin... une détente, une espèce de malaise général...

— Eh bien! madame, permettez-moi de vous donner le conseil de rentrer... Moi-même, tout vieux Romain que je commence à me faire — et il sourit, — le vilain « vent de plomb », comme l'appelait déjà Horace, m'éprouve toujours...

Et tournant les yeux sur Pierre-Charles :

— Je me rappelais votre enfant, de Paris... mais il est encore plus beau...

— Adieu, au revoir, mon cher ambassadeur... Mes plus affectueuses amitiés à madame de Rayneval...

Et la voiture se remit à redescendre, au petit pas des chevaux, les pentes du *Montorio.*

XV

Le lendemain, la volonté de son corps lui manqua pour sortir, et elle demeura toute la journée étendue et lâche sur son canapé. Le jour suivant, plus accablée, tourmentée et suppliée par Honorine, elle se décida à faire appeler le médecin que recommandait M. Andral aux femmes qu'il envoyait à Rome, et qu'elle avait de jour en jour tardé à voir avec le paresseux : Demain, que se répètent les malades.

Ce médecin était le fameux docteur des étrangers, le seul qui eût le droit de dire : « *Favorisca il polso* », aux pudiques anglaises de la place d'Espagne, le libéral, le député révolutionnaire de 48, le visiteur de Vienne, de Londres, de Paris, le savant, l'antiquaire, l'amateur et le brocanteur de statues et de tableaux, le conteur d'anecdotes, le sautillant bavard, le fin Romain laissant tomber au bout de tout ce qu'il ordonnait, de tout ce qu'il racontait, de tout ce dont il gémissait, ce refrain éternel de la philosophie et de la patience de son pays : « Que voulez-vous? nous sommes sous les prêtres », une phrase qu'il fallait lui entendre dire en italien : « *Che volete? siamo sotto i preti!* »

Il arriva, ne s'assit pas, et tout en parlant à la malade d'une superbe *coltellata* qu'il venait de soigner à l'hôpital de la Consolation, du Vatican, du peintre Camuccini, du tribut que les étrangers payent au climat, du temps *indiavolato* qu'il faisait depuis quelques jours, et encore de mille autres choses, il lui tira de la veine, sans presque qu'elle s'en aperçût, un peu de sang.

Cependant, ce malaise avec lequel badinait le docteur Monterone — c'était son nom, — fut plus grave qu'il ne l'avait cru. Il fallut saigner madame Gervaisais encore deux ou trois fois. Pendant quelques jours elle donna à Honorine de sérieuses inquiétudes. Et quand elle fut rétablie, elle garda près de deux ou trois mois une grande faiblesse.

Le long des premiers jours anxieux, Pierre-Charles restait comme une pierre, assis sur sa chaise basse, au pied du lit de sa mère, les yeux sur les siens. Grognant quand Honorine venait le chercher pour le faire manger ou le coucher, il passait là toutes les heures, à la même place, avec le même regard long d'attachement et de cette tendresse triste, étonnée, qu'ont les enfants à voir souffrir.

— Eh bien, Honorine, — disait madame Gervaisais un des premiers soirs de sa convalescence, — qu'est-ce qu'il y a de nouveau dans la maison? S'est-on un peu intéressé à ma maladie?

— Oh! oui, madame... surtout les bonnes dames d'ici... même madame leur ferait bien plaisir de les recevoir quand elle se sentira assez forte... On a aussi envoyé de l'ambassade, presque tous les jours, savoir des nouvelles de madame... Ah! il est venu aussi très-souvent un monsieur... un monsieur... un auditeur de... de...

— De Rote... Ah! oui, ce bon Flamen... Il ne m'a pas oubliée... Je ne lui avais pas seulement annoncé mon arrivée...

Il y eut un court silence.

— Et lui... madame... — reprit Honorine en désignant l'enfant, — madame ne sait pas ce qu'il faisait pendant les maux de madame? Eh bien! tous les jours, le matin, il prenait une feuille de papier sur le bureau de madame... Et puis il gribouillait... Et puis il fallait que je mette une enveloppe... Et puis il posait dessus un tas de pains à cacheter pour faire les timbres de poste, comme sur les lettres de France qu'il voit à madame... Et puis... mais, vrai, madame!... il fallait que j'écrive sur l'adresse : *Au bon Dieu*... Et il n'avait pas de cesse que j'aille la jeter à la boîte, sur la place... Il regardait par la fenêtre... J'étais obligée de faire semblant.... Oui, madame... il écrivait au bon Dieu pour lui demander de ne pas faire mourir sa maman!.... Ah! le bien-aimé!... Les autres ne veulent pas voir... Mais c'est qu'il a joliment de l'esprit, au fond!

L'enfant écoutait Honorine, les yeux inquiets, la tête avancée pour mieux entendre, timide et confus, peureusement attentif, comme toutes les fois qu'on parlait de lui... Madame Gervaisais lui ouvrit ses deux bras, et le serrant nerveusement sur sa poitrine, elle laissa tomber sur sa tête deux larmes lentes à couler.

Elle pensa à ce pauvre ange, si elle était morte et s'il ne l'avait plus! Enfant de douleur, mal et à moitié né, que deviendrait-il seul et sans mère, ce doux être de souffrance et de tendresse, fait uniquement pour aimer et être aimé, n'ayant guère pour s'exprimer que des larmes et des baisers? Et comment pourrait-il vivre, ce malheureux petit martyr d'amour? L'idée des souffrances, du supplice, qui attendaient l'innocente âme infirme, désarmée de toutes les intelligences et de toutes les défenses des autres, la frappa d'une épouvante subite et lui fit faire un grand retour sur elle-même : elle se redressa dans une volonté, presque un serment de ne pas mourir; elle ne s'en reconnaissait plus le droit. Elle était de ces mères qui ne doivent pas déserter et auxquelles un semblable enfant commande de vivre et de durer.

XVI

Quand madame Gervaisais se trouva tout à fait rétablie, l'été était déjà trop avancé pour qu'elle allât à la campagne et louât une maison à Frascati ou à Tivoli. Elle reprit son ancienne vie, plus casanière et plus retirée, enfoncée dans l'ombre de sa chambre, la demi-obscurité reposante de ses persiennes fermées. Elle ne sortait guère que le soir, au soleil couché. Elle faisait prendre à sa voiture la file du défilé au pas parcourant le Corso, du Pincio au palais de Venise, et du palais de Venise au Pincio, lentement traînée, avec son enfant somnolent contre elle; elle revivait dans le mouvement des chevaux, des équipages, des toilettes; et l'alanguissement d'un reste de faiblesse, les flottantes songeries d'une tête un peu ébranlée, d'une imagination relevant de maladie, la faisaient s'abandonner au charme singulièrement poétique.

doucement mélancolique, du crépuscule italien, cette paresseuse venue de la nuit plus longue à venir de l'obscurité que dans les ciels du Nord. Au-dessus de sa tête, le bleu se décolorait, devenait comme le nocturne azur blême d'un glacier. Autour d'elle, une apparence d'évanouissement, le pâlissement d'une mort humaine s'étendait sur les couleurs des choses, sur l'orangé de la pierre, le rouge de la brique. Une lumière d'une inexprimable teinte expirante, d'une clarté d'aube de lune, semblait être la lumière angélique de l'*Ave Maria*. Un reflet éteint de ce ciel passait sur les gens, les visages qui n'étaient plus les visages de la journée, enveloppait les petites processions d'orphelins, pareils à des fantômes de petits curés tout blancs, dont le bas de soutane traînait déjà et se perdait dans le bleuissement montant du pavé, de la rue, des marches de palais. Des deux côtés du Corso s'effaçaient les monuments, les maisons, les promeneurs qui s'enfonçaient et se perdaient dans du mystère. Heure de Rome presque fantastique, où l'on dirait que la réalité se retire de tout, que la vie s'évapore, que les pensées n'ont plus où reposer et perdent terre, que les visions commencent à s'approcher de l'âme comme des yeux... Et la longue promenade continuant, madame Gervaisais avait l'impression de la finir dans un rêve traversé du zigzag de petites chauves-souris.

XVII

L'août brûlant, ce mois si redouté à Rome, qu'à son approche, les garçons de café remercient le pourboire avec le souhait « d'un bon mois d'août », madame Gervaisais le passait sans trop souffrir, ni s'ennuyer, distraite de la monotonie d'une complète reclusion, et reposée de ses lectures par les visites journalières de deux hommes : son médecin, qui s'oubliait chez elle, invariablement, à bavarder pendant deux heures, et un vieil ami de France, non moins assidu et non moins long dans ses visites.

Le docteur Monterone continuait à avoir avec elle l'amusant d'une de ces conversations décousues, mimées, pasquinantes, mettant sur les lèvres du scepticisme romain une si profonde ironie bouffe. Sur une nouvelle, un bruit du jour, un mot, il partait :

— Le *Pape rouge*... — disait-il. — Eh bien ! oui, le *Pape rouge*, c'est comme cela qu'on l'appelle ici...

Et sa parole se mettait à couler intarissable.

— Ah! vous ne saviez pas? Nous avons trois Papes à Rome : le *Pape blanc*, qui est notre Très-Vénéré Saint-Père; le *Pape noir*, qui est le général des jésuites; et le *Pape rouge*, qui est Monseigneur le cardinal Antonelli... Ah! ah! voilà qu'il me revient ce qu'il me racontait l'autre jour, une histoire de sa jeunesse... Un jour, en se promenant au Vatican... il n'était pas le Monseigneur d'aujourd'hui... il se trouva devant la porte des archives... Elle était ouverte... il entre... L'archiviste le laisse aller, se promener, regarder, ouvrir les armoires... Le lendemain, il avait une audience de Grégoire XVI. Dans la conversation avec le Saint-Père, il laisse échapper : — Saint-Père, c'est bien curieux les armoires des archives... Mais vos carreaux sont en bien mauvais état... — Vous êtes entré!... vous êtes entré aux archives, et vous avez regardé dans les papiers? — Oui, Saint-Père, la porte était ouverte... — Et vous osez!... Mais vous ne savez donc pas, mon fils, que vous êtes excommunié? — Mon Dieu! — Rassurez-vous... Je vous donne pour pénitence de remettre à vos frais tous les carreaux qui manquent... Oh! nos Papes, ce n'est jamais l'esprit qui leur manque. Tenez, notre Pie IX, sous son air bonhomme... il a des mots ! J'avais obtenu une audience pour un musicien qui voulait avoir la croix de Saint-Sylvestre. Savez-vous ce que le Pape lui a dit? « Adressez-vous à mon confrère Apollon... » Et après ses séances avec Rossi... le pauvre Rossi que j'ai reçu mourant dans mes bras au palais de la chancellerie; car c'est moi... Savez-vous ce qu'il disait, notre Saint-Père, quand son ministre avait passé la porte? « Je viens d'entendre le professeur, il m'a fait un cours sur le possible et l'impossible. »

Et tâtant sur une table des chapelets achetés par madame Gervaisais pour des cadeaux à envoyer en France : — De chez madame Rosa, la célèbre *coronara* de la Minerve?... Une de vos compatriotes, au fait, une Française, une femme qui possède tous les dessous de cartes du Vatican... Un gouvernement qui aurait cette femme-là dans la main, ce qu'il saurait !... — Et coupant brusquement sa phrase : — ... Par exemple, que nous avons un Cardinal de la dernière fournée qui passe son temps à jouer du cor de chasse... le plus secrètement qu'il peut... Ici, au fond, tout se sait... Je dînais l'autre jeudi à l'ambassade de votre nation... Il m'échappe un mot imprudent. « Oh ! ici, docteur — me dit votre ambassadeur, — vous pouvez bien tout dire... Je suis sûr de mes gens : la moitié appartient à la police du Gouvernement et l'autre à celle de la Révolution. » *Che volete?* Nous avons ici une communauté de moines nobles : ils se plaignent tous du macaroni ; c'est vrai, on ne sait plus le faire... Et qu'est-ce qu'ils disent : — *Che volete? siamo sotto i preti!...* Les prêtres ! les prêtres ! Dans les théâtres, à la semaine de Pâques, madame, le curé de la paroisse fait la *lista delle anime*, le recensement des âmes... Voyez-vous cela pendant une répétition, le livre des futurs communiants sur les planches, et toute la troupe, le souffleur, l'allumeur de quinquets, les danseuses ! les danseuses qui se précipitent pour embrasser la main du curé en l'appelant : *Padre curato!* Et lui leur dit : « Ne vous dérangez pas... » Il s'assied et regarde un pas de ballet... Du reste, nos danseuses à nous, ce n'est pas comme à votre Opéra... La Ferraris n'entre jamais en scène qu'après une petite invocation et un baiser à une amulette... Il y a aussi le mot de la Fuoco à laquelle on disait : — Mais comment ne tombez-vous pas sur un plancher si mal balayé ?... — Oh ! il y a des moments où il faut croire que le bon Dieu nous soutient !... — Et si désintéressées, les nôtres !... Tenez ! un mot tout frais de la semaine dernière, et dit à un jeune attaché de votre pays. Il avait ici une ballerine, et

comme il s'excusait de ne lui avoir point encor
fait de cadeaux, elle trouva ce mot sublime : « S
vous m'en aviez fait, je suis bien sûre qu'ils au
raient été très-beaux... A propos, madame, on n'a
pas essayé de vous faire entrer dans notre belle
association des *pericolante?*... oui, des jeunes
filles et des jeunes femmes en péril? Comment,
vous n'en avez pas entendu parler? Une institu-
tion de génie! Une femme « pericolante » va trouver cette excellente société et lui dit : — Je n'ai
pas de pain, on m'offre deux écus. — La société
demande une preuve, une lettre... La femme apporte la lettre, prend les deux écus... et...
— Et elle...
— Eh bien! elle en touche quatre!

Le vieil ami de France retrouvé à Rome par madame Gervaisais, M. Flamen de Gerbois, était un
tout autre homme et une autre compagnie. Cet ami
lui apportait son intérêt ému, sa parole, la parole
grave et douce d'une vie brisée, sa haute et mélancolique pensée, les accents d'un large esprit, d'une
belle âme, d'une foi de tolérante charité et d'infinie bonté.

Marié en France, père de deux petites filles qu'il
amenait jouer avec Pierre-Charles, la mort de sa
femme qu'il adorait l'avait jeté dans les ordres,

et il exerçait depuis deux ans à Rome les fonctions d'auditeur de Rote pour la France, au conseil du contentieux ecclésiastique, au tribunal de jurisprudence canonique et civile, *Asylum justitiæ*; une haute place au dix-huitième siècle, aujourd'hui tombée presque à rien, où une personnalité de valeur reste inutile et enterrée avec le seul avenir du décanat de la Rote qui mène au cardinalat.

Gallican, attaché aux doctrines nationales et traditionnelles de l'Église de France, ancien ami de Lamennais, souvent il disait et confessait à madame Gervaisais ses profondes tristesses et ses amertumes secrètes de tout ce qu'il voyait à Rome, dans cette cour et cette politique aveugles comme une cour et une politique humaines, où les haines et les jalousies des uns, maîtresses de la pusillanimité des autres, ennemies de toute supériorité, avaient persécuté pendant le siècle tout grand esprit religieux, toute grande voix montant en chaire, les talents, les génies, les gloires même promises à l'Église, contristé un Lacordaire et rejeté son éloquence à l'exil de Flavigny, repoussé le croyant de la Chesnaye à l'athéisme de sa fin.

Et c'était ainsi que parlait M. Flamen de Gerbois, regardant la malade, d'une main caressant l'enfant.

XVIII

Quand elle sortait maintenant, par hasard, dans la journée, aux heures où les églises n'ont pas encore relevé sur leurs portes, pour la sieste de la prière, leurs portières de cuir, elle aimait à y entrer.

Ce qui l'y attirait et ce qu'elle allait y chercher, ce n'était point une impression religieuse, l'approche du Dieu chrétien dans sa maison, mais la sensation d'un lieu de tranquillité, paisiblement et silencieusement agréable, offrant le repos et l'hospitalité d'un palais pacifique. Sortir du soleil de la rue, entrer dans la fraîcheur, l'assoupissement de l'or et des peintures, les lueurs polies et les blancheurs errantes, c'était pour elle le rassérénement que pourrait donner un endroit d'ombre attendant le jet d'eau du Généralife. Et peu à peu, dans la ville des églises, allant à celle-ci, à celle-là, les visitant, prolongeant ses stations, elle se laissait aller à ce goût qui vient à l'étranger, à cette passion qui lui fait perdre les préjugés, les répugnances du catholique des églises gothiques et l'amène à prendre presque en pitié la pauvreté de pierre de ses cathédrales; elle se laissait aller à l'amour du marbre, du marbre qui met là partout aux murs son éclat glacé, ses lumières glissantes, ses lisses surfaces caressées par le jour jouant sur leur dureté précieuse, filant le long des colonnes, des pilastres, se perdant aux voûtes en éclairs brisés. A mesure qu'elle y vivait, elle prenait une habitude d'être, pendant le chaud du jour, au milieu de cette pierre veinée, brillante et à moitié bijou, de ce froid luisant des couleurs doucement roses, doucement jaunes, doucement vertes, fondues en une espèce de nacre irisant de ses teintes changeantes le prisme de toute une nef. Immobile, contemplative, elle avait un plaisir à se voir enveloppée de cette clarté miroitante où la chaude magnificence des dorures, l'opulence des parois et la somptuosité des tentures semblaient s'évaporer et se volatiliser dans un air agatisé par tous les reflets des porphyres et des jaspes.

XIX

Il y a à Saint-Pierre une superbe et royale porte de la Mort : c'est un portique de marbre noir sur lequel s'enlèvent de travers les tibias envolés d'un squelette doré soulevant la solide portière, la tenture écrasante qui lui retombe sur le crâne et fait un masque aveugle à l'image du Trépas dressant en l'air, au-dessus du passant, avec le bout de ses phalanges d'os, le sablier du Temps éternel.

Dans une de ses visites de l'après-midi aux églises, madame Gervaisais sortait par cette porte de la sacristie de la basilique, lorsque lui apparut une chapelle qui n'avait point encore arrêté ses yeux, au milieu des chapelles sans nombre de Saint-Pierre. Elle s'arrêta involontairement devant les treize confessionnaux qui étaient là comme les oreilles et les bouches de la pénitence chrétienne pour toutes les langues du monde catholique, avec les inscriptions sur leurs frontons :

Pro Gallica lingua
Pro Græca lingua
Pro Hispanica lingua
Pro Lusitana lingua
Pro Anglica lingua
Pro Polonica lingua
Pro Illyrica lingua
Pro Flandrica lingua
Pro Germanica lingua
Pro Italica lingua

Attirée, sans qu'elle sût pourquoi, elle restait à épeler ce latin englobant le monde, quand, tirée par sa robe, elle se retourna vers son fils : l'enfant lui montrait au-dessus du baldaquin, dans un bleu de lumière, le rayonnement de la voûte, l'or des mots : *Petrus et super hanc petram œdificabo...* qui semblaient en ce moment écrits en lettres de feu sur le bandeau de la coupole.

XX

Avec l'automne, avec l'amélioration qui se faisait dans sa santé, madame Gervaisais changeait sa vie étroite, solitaire, presque cloîtrée, en une vie plus large, plus répandue et qui revenait au monde.

Elle louait une voiture au mois, prenait un de ces domestiques italiens, bons à tout, qui cuisinent et montent derrière la voiture avec une éternelle chemise de couleur sous un habit noir. Et commençant ses visites, elle remettait ses lettres de recommandation chez la princesse Liverani.

Un moment elle avait pensé à chercher un logement plus grand; mais elle s'était trouvée un peu retenue par un intérêt apitoyé pour ces honnêtes padrones, subsistant misérablement d'un vieux plan de Rome dont elles avaient la planche en héritage. Puis, aurait-elle retrouvé ailleurs un voisinage aussi discret que celui de ces femmes apparaissant chez elle seulement lorsqu'elle était souffrante, et tout le jour, dans l'ombre et le silence de leur chambrette avec un chien muet, la musique d'une pendule, des petits bouquets dans des verres, une paix de bonheur médiocre où tombait, de loin en loin, le grand événement attendu à l'avance de la visite d'une vieille tante?

XXI

Madame Gervaisais dîna plusieurs fois chez la princesse Liverani qui donnait des repas bizarres et charmants.

Une nappe, qui avait toujours un lit de fleurs, l'aimable semis de la semaine de Pâques gardé là toute l'année; point de carafes de vin, mais un grand vase de cristal de roche, splendide objet d'art de famille, où était gravé un triomphe d'Amphitrite, et que les convives se passaient l'un à l'autre; au travers des plats, le vieux livre de la maison, où le cuisinier écrivait, depuis des générations, tous les jours, le menu du déjeuner et du dîner, et où les blancs étaient couverts de notes, de dates, d'événements de famille, de pensées, auxquels la gaieté des hôtes de passage ajoutait des réflexions, des caricatures, des dessins : la table était cela avec la voix de la princesse, un chant, sa parole, un rire. Sensible comme une Italienne à la beauté du fils de madame Gervaisais, elle le plaçait toujours à côté d'elle, sans souci des grandes personnes. Le mutisme de l'enfant lui était égal : elle s'amusait à le voir.

Après le dîner, la princesse se tenait dans une petite galerie aux pilastres plaqués de morceaux de glace, feuillagés d'acanthe, aux portes bleues à filets dorés, au petit pavé cailloutté de violet et de jaune; une fraîche pièce qui respirait par deux fenêtres ouvertes et laissait voir le dôme de rosiers en arbres épanouissant leurs bouquets de roses énormes. Là, joliment lasse à porter l'élancement de sa taille, ses épaules abattues, son long cou, elle écoutait légèrement, un peu distraite et comme avec le seul sourire de sa figure, la causerie brisée du petit cercle assis sur des siéges où étaient représentées en tapisserie les Vertus théologales. Les paroles s'arrêtaient. La conversation avait des pauses de repos semblables à la dégustation d'un sorbet. Et il se faisait, de moment en moment, ces silences des salons italiens qui laissent tomber le temps, et paraissent heureusement l'écouter couler.

Dans cet intérieur fermé aux étrangers, jaloux de son intimité, à la façon de la haute aristocratie romaine, peu de monde venait le soir. Toute la société, c'était un peintre du pays, quelques princes romains parents ou alliés, de jeunes cousines aux traits fins des Hérodiade du Vinci, et deux Cardinaux familiers de la maison qu'on voyait entrer, leur chapeau à ganse rouge et or jeté sous le bras, avec une désinvolture de vieux marquis. Ils prenaient place sur leurs grands fauteuils accoutumés, tout près de l'oreille de la princesse, et ils disaient ces phrases suspendues, des paroles de prêtre et de diplomate, terminées par une mine, un jeu de visage, parfois un regard de ce noir particulier à l'œil du prélat romain. Et bientôt, après avoir battu de leurs chapeaux un moment leurs mollets de pourpre, les deux *porporati* se levaient, saluaient, disparaissaient.

XXII

L'hiver était venu. La santé de madame Gervaisais continuait à être assez bonne pour lui permettre de fréquenter assidûment le salon Liverani, et de traverser deux ou trois salons de ces grandes dames romaines à la mode, dont la calèche arrêtée sur la terrasse du Pincio s'entoure aussitôt d'une cour d'hommes.

Elle devenait presque une habituée des dîners de l'ambassade et des réceptions de la villa Medici, où les soirées de musique avaient cette année-là le talent de jeunes gens qui promettaient déjà l'avenir de compositeurs célèbres.

Elle menait souvent Pierre-Charles là où il était si heureux, à l'Opéra de Rome, au Théâtre Apollo. Et quand arrivait le carnaval, *il Santissimo Carnevale*, elle promenait pendant trois jours, au milieu de la grosse joie du Corso, l'enfant charmant en son costume de petit garde-française, un peu ahuri par la bataille des *confetti*, mais dont le plaisir prit feu au dernier soir, voulant, lui aussi, éteindre les *moccoletti*, le petit bout de bougie que tous soufflent à chacun et que chacun souffle à tous au cri vainqueur de *Senza moccolo! Senza moccolo!*

XXIII

Madame Gervaisais s'était trouvée l'année précédente, en arrivant de France, trop fatiguée et trop faible pour suivre à Saint-Pierre les cérémonies de Pâques. Mais à cette seconde Semaine Sainte qu'elle passait à Rome, elle eut la curiosité d'en avoir l'impression.

Le jour du Dimanche des Rameaux, elle était, avec le costume d'étiquette, la robe noire et le voile noir attaché par une marguerite d'argent, dans une de ces grandes tribunes échafaudées pour les dames, à droite et à gauche du chœur. Sa vue, allant devant elle, passait à travers des fers de hallebardes, des casques, des cimiers d'or, des panaches de crins blancs; par-dessus les rangées de Patriarches, de Dignitaires, leurs chasubles tissées d'or; par-dessus les files assises des Cardinaux dont les robes coulaient en vagues somptueuses et noyaient presque, d'un flot de leurs queues, les caudataires assis à leurs pieds; pardessus les ambassadeurs et les diplomates en uniforme, l'état-major en costume de parade des armées de la terre, cet illustre public d'Europe souvent mêlé, dans son coudoiement, de Princes et de Rois ; et ses yeux arrivaient, tout au fond du chœur, sombrement rouge, au Pape.

La Basilique était éclairée par un jour recueilli, pieux et froid, un jour de mars où le soleil, frappant et arrêté aux portes de bronze de l'entrée, n'allumait pas encore la gloire jaune du Saint-Esprit et son cadre de rayons dans le vitrail de la Tribune de Saint-Pierre ; un jour triste qui se teintait du violet des vastes tentures enveloppant la messe et le demi-deuil de ce dimanche avec le deuil de la pourpre.

L'immensité de Saint-Pierre était silencieuse. On n'y entendait que le bruit des pas de la foule, pareil, sur le marbre glissant, au bruit sourd de grandes eaux qui s'y seraient écoulées. Tout à coup éclata et s'élança l'hymne du *Pueri Hebræorum*, souvenir des fils de Judée, venus au-devant du Seigneur, un cantique de jeune joie, un hosanna qui déchirait l'air de notes argentines, montant et se perdant à la hauteur des voûtes, y roulant au loin comme une criée d'enfants dans des échos de montagnes.

Au premier accent de ce chant et de son allégresse commençait la marche, la procession éternelle et toujours recommençante de toute cette cour de l'Église allant recevoir les rameaux des mains du Saint-Père : les Cardinaux, les Patriarches, les Archevêques, les Évêques non assistants et assistants, les Abbés mitrés, les Pénitenciers, le Gouverneur de Rome, l'Auditeur de la Chambre, le Majordome, le Trésorier, les Protonotaires apostoliques participants et honoraires, le Régent de la Chancellerie, l'Auditeur des contredites, les Généraux des Ordres religieux, les quatre Conservateurs, les Auditeurs de Rote, les Clercs de la Chambre, les Votants de la signature, les Abréviateurs, les Maîtres des cérémonies, les Camériers assistants, les Camériers secrets, les Camériers ordinaires, les Camériers extra, les Avocats consistoriaux, les Écuyers, les Chantres, les Clercs et les Acolytes de la Chapelle, les Porteurs de la *Virga rubea*, — tout un peuple ecclésiastique et toute l'innombrable « Famille pontificale » allongeant son lent défilé comme en ces déroulements des milices chrétiennes allant cueillir au ciel la palme des élus.

Le Pape assis, offrant, aux baisers qui montaient, ses genoux couverts d'un voile brodé, sa main et son pied, distribuait à chacun la palme frisée de San Remo, avec un mouvement d'automatisme grandiose, un geste hiératique et ancien qui le faisait ressemblant, sous le dais de sa chaise, nuageux d'encens, à une statue sainte du Passé.

Merveilleuse mise en scène, admirable coup de théâtre de la liturgie, chef-d'œuvre du triomphal spectacle religieux du XVI° siècle, de son génie d'art catholique, de toutes ces grandes mains de ses artistes et de ses peintres inventant le dessin, l'ordonnance, l'arrangement, la composition et la symétrie des poses, le pyramidement des groupes, la beauté du décor vivant, étageant tous ces figurants magnifiques, en camail d'hermine, en surplis de dentelles, ruisselants de brocart et de soie, portant l'or pâle de leurs palmes tremblantes sur le cramoisi des fonds, sur les harmonies et les splendeurs sourdes d'un colossal Titien!

Madame Gervaisais arrivait à cet état vague et un peu troublé de faiblesse que font dans ces cérémonies la longue lassitude, l'attention fatiguée des sens. Sa contemplation était répandue et errante, quand tout à coup elle fut secouée et réveillée par un chant tel qu'elle n'en avait jamais entendu de pareil, une plainte où gémissait la fin du monde, une musique originale et inconnue où se mêlaient les insultes d'une tourbe furieuse, un récitatif lent et solennel d'une parole lointaine de l'histoire, une basse-taille touchant aux infinis des profondeurs de l'âme.

C'était, chanté par les trois diacres, le plain-chant dramatisé de la passion de Jésus-Christ, selon l'Évangile de Saint Mathieu.

Charmée nerveusement, avec de petits tressaillements derrière la tête, madame Gervaisais demeurait, languissamment navrée sous le bruit grave de cette basse balançant la gamme des mélancolies, répandant ces notes qui semblaient le large murmure d'une immense désolation, suspendues et trémolantes des minutes entières sur des syllabes de douleur dont les ondes sonores restaient en l'air sans vouloir mourir. Et la basse faisait encore monter, descendre et remonter, dans le sourd et le voilé de sa gorge, la lamentation du Sacrifice, d'une agonie d'Homme-Dieu, modulée, soupirée avec le timbre humain.

Pendant ce chant où retentit la mort de l'auteur de toute bénédiction, l'Église ne demande pas la bénédiction; pendant ce chant qui dit la nuit de la véritable lumière du monde, l'Église n'a pas de cierges allumés; elle n'encense pas, elle ne répond pas : *Gloria tibi, Domine.*

Madame Gervaisais écoutait toujours la basse, la

basse plus pénétrante, plus déchirée d'angoisse et qui semblait la voix de Jésus disant : « Mon âme se sent plongée dans la tristesse jusqu'à la mort »; la voix de Jésus même qui fit un instant, sous les lèvres du chantre, passer à travers les poitrines le frisson de la défaillance d'un Dieu!

Et le récitatif continuait, coupé par les reprises exultantes du chœur, toute cette tempête de clameurs, le bruit caricatural, comique et féroce du peuple homicide, la joie discordante et blasphémante des foules demandant le sang d'un juste, les éclats de voix aigres au *Crucifige!* et au *Barrabas!* qu'écrasait la douloureuse basse sous un grand dédain résigné.

XXIV

Ce chant, cette voix qui avait fini par l'ineffable note mourante et crucifiée, le *Lamma Sabachtani* du Golgotha, laissaient à madame Gervaisais un long écho qu'elle emportait, une vibration dont le tressaillement aux endroits sensibles de son être, montant jusqu'à ses lèvres qui, d'elles-mêmes, tout bas en répétaient le soupir suprême. Et en même temps, avec cette mémoire intérieure, elle sentait s'élever et remonter peu à peu en elle tout le douloureux de sa vie, toutes ses larmes en dedans. Avec l'amère félicité du souvenir, elle se rappelait toutes ses impressions tristes de jeune fille, d'épouse, de mère, toutes les secrètes et inconnues douleurs opprimées d'une existence de femme. Il lui semblait que son passé se rapprochait dans l'enchantement mélancolique d'une harmonie éloignée sur la corde d'un violon qui eût pleuré. C'était comme un rappel de ses anciennes émotions, où lui revenait à fleur de cœur ce qu'elle avait senti, étouffé, souffert. Rien de religieux d'ailleurs et qui s'approchât de la foi ne se mêlait chez madame Gervaisais à cette sensation délicate et profonde, mais de sentimentalité toute féminine, mise en elle par cette musique.

Et presque heureuse dans cet état doux et cruel, elle ne faisait point d'effort pour en sortir. Elle s'y abandonnait avec une immobilité de corps, un silence de pensée, qui semblaient vouloir garder et retenir un mauvais songe agréable. C'est dans cette disposition qu'elle arrivait aux *Miserere* de la chapelle Sixtine.

XXV

Les *Lamentations* élevaient dans la Chapelle Sixtine leur bruit désolé.

A la corne de l'Épître, un triangle de quinze cierges d'une cire brune faisait trembloter les petites flammes qui veillent un mort. Un mur de colère, gâché de couleurs redoutables, plaquait au fond l'avalanche et le précipitement des damnés qui roulaient à l'enfer, suppliciés par tous les raccourcis de la chute, toutes les angoisses des muscles, toutes les agonies du dessin, toutes les académies du désespoir; tableau muet de la souffrance physique, contre lequel venait frapper, battre, expirer le chœur des douleurs de l'âme.

Les voix ne cessaient pas, — des voix d'airain, des voix qui jetaient sur les versets le bruit sourd de la terre sur un cercueil, des voix d'un tendre aigu, des voix de cristal qui se brisaient; des voix qui s'enflaient d'un ruisseau de larmes, des voix qui s'envolaient l'une autour de l'autre, des voix dolentes où montait et descendait une plainte chevrotante, des voix pathétiques, des voix de supplication adorante qu'emportait l'ouragan du plain-chant, des voix tressaillantes dans des vocalises de sanglots, des voix dont le vif élancement retombait tout à coup à un abîme de silence d'où rejaillissaient aussitôt d'autres voix sonores, des voix étranges et troublantes, des voix flûtées et mouillées, des voix entre l'enfant et la femme, des voix d'hommes féminisées, des voix d'un enrouement que ferait, dans un gosier, une mue angélique, des voix neutres et sans sexe, vierges et martyres, des voix fragiles et poignantes, attaquant les nerfs avec l'imprévu et l'antinaturel du son.

Cependant, à de longs intervalles, à la fin de chaque psaume, les cierges du triangle s'éteignaient un à un comme d'eux-mêmes; et le chaos redoutable du fond entrait dans le chaos de la nuit, obscurant le public si serré, si étouffé contre la barrière du *chancel*, que les prêtres, dans la foule, retournaient avec la langue les pages de leur *Semaine sainte*.

Un peu de clarté ne restait plus que dans la tribune, sur le mur de droite, au balcon de balustres à petite rampe surmontée d'un pupitre où madame Gervaisais pouvait encore lire : *Cantate domino;* la tribune des chanteurs pontificaux ayant seuls le droit de chanter devant le Pape et les Cardinaux en Chapelle, n'exécutant que le chant Grégorien et la musique dite *alla Palestrina*. Par une fenêtre derrière eux, une filtrée de jour blanc éclairait, d'un rayon vespéral de printemps du Moyen-âge, la dentelle de leurs cottes, la soie violette de leurs soutanes, de leurs ceintures, du *collaro* de leur cou. Et un instant, au-dessus du pupitre, passa la tête d'un jeune chanteur, souvenir des enfants de chœur, aux joues enflées, de Lucca della Robia.

Il était vingt-deux heures de l'heure italienne. Les quatorze cierges étaient éteints, le dernier caché derrière l'autel, et dans le noir de la Chapelle se recueillait l'attente.

Alors suavement et tout bas monta le chant du *Miserere*, son murmure, sa prière, sa gémissante harmonie, cette musique expirante s'envolant à Dieu, et qui, redescendant des nuages, semblait par instants renouveler, au plafond de la Sixtine, le miracle de la messe du pape Grégoire le Grand, où les oreilles entendirent tomber les répons du ciel de la bouche des Séraphins.

XXVI

Elle revint lentement, s'arrêtant aux églises ouvertes et brillantes dont l'une mit un éblouissement devant ses yeux encore pleins de la nuit de la Sixtine.

De la voûte jusqu'au bas de l'autel, une cascade ardente ruisselait sur les marches d'un escalier de cierges, derrière lesquels passaient et repassaient les soutanes rouges des sacristains allumeurs. Et aux murs, aux pilastres, par toute la riche et coquette église de marbre et d'or, — Saint-Antoine des Portugais, — étincelaient des milliers de girandoles, des échelles, des colonnades, des ifs de lustres, changeant les parois en miroirs de flammes répercutées, jetant de leurs cristaux en feu des éclairs de rubis, un incendie de diamants, dans ce jour fleuri d'étoiles, cette palpitation de lueurs battantes, le fourmillement de lumières et le rose illuminé du chœur où paraissait s'ouvrir, au fond, entre des rideaux de pierre, la porte aveuglante de la Gloire Divine.

XXVII

Le Samedi Saint, l'intérieur de Saint-Jean de Latran donnait à madame Gervaisais le spectacle de la piété fauve qu'y apporte, avec sa foi d'animal sauvage, le peuple de la campagne de Rome.

Après avoir passé la lourde portière soulevée par la tête et le dos d'un vieux mendiant au long bâton, le flot du monde derrière elle la jetait au milieu de femmes mordillant, avec les coins de leur bouche, les deux bouts de leur mouchoir de tête, au milieu d'hommes aux orteils trouant leurs espadrilles, aux vestes et aux culottes recousues de ficelles, peuplade des champs d'où s'exhalait une fermentation de sueur, l'odeur d'une chaude humanité. Debout, assis, accoudés, étagés sur les marches des escaliers, des autels, les uns mangeaient des feuilles d'artichauts, les autres dormaient leur tête entre les genoux. Dans la Basilique, dans la sacro-sainte église qui s'appelle « *Omnium Urbis et Orbis ecclesiarum Mater et Caput,* » sous le plafond de reliquaire aux apôtres d'or, sous le grésillement d'or de la mosaïque, sur le pavé de serpentin et de porphyre étendant sous le pas l'ancien tapis des temples, l'*opus alexandrinum*, entre les grands murs de marbre, ce peuple en haillons, inondant les cinq nefs, paraissait l'invasion et le campement d'une religion barbare, rustique et brute, fiévreuse, impatiente, frémissante d'attente devant le coup de baguette de l'absolution, autour des confessionnaux, murmurants et bourdonnants, d'où sortaient, d'entre les jupes des femmes qui s'y pressaient, des roulées d'enfants pêle-mêle avec les paquets de mangeaille noués dans des linges.

Madame Gervaisais était surprise qu'un grand artiste n'eût pas saisi cette sculpture des poses, des lassitudes, des méditations, des absorptions, l'aveuglement de cette dévotion éblouie, la stupeur presque bestiale de cette prière. Le tableau surtout la frappa des confessions élancées de femmes qui debout, la bouche tendue, plaquée contre le cuivre du confessionnal, se soutenaient et s'appuyaient avec leurs deux mains près de leur tête, posées à plat contre le bois, dans le mouvement de ces buveuses de campagne approchant la bouche d'un filet d'eau plus haut que leur bouche.

Et à l'autel où se lève la magnificence des quatre grandes colonnes de bronze doré, — le bronze des proues de galères d'Actium, — elle admira encore un triple rang de femmes, à la beauté dure, pressées, serrées l'une contre l'autre, versées et tassées par places comme un troupeau effaré, à la fois agenouillées et assises sur leurs talons, qui avaient l'air, contre la balustrade, de ruminer l'Eucharistie, les unes égrenant un chapelet sur leurs genoux, d'autres soutenant leur front sur une main qui montrait le cuivre d'une grosse bague, d'autres, farouchement songeuses, le petit doigt aux lèvres.

XXVIII

Enfin, c'était le grand jour : le Dimanche de Pâques.

Le peuple de l'*agro romano*, les paysans l'avaient attendu roulés dans leurs manteaux, étendus sur les places, épars sur les escaliers, couchés sous les étoiles, rappelant, dans ces vigiles de la Résurrection, ces belles lignes de sommeil données par Raphaël aux gardes endormis devant le sépulcre de Jésus et la pierre prête à se lever sur son immortalité.

Une voiture, dont le cheval avait une rose à l'oreille, emportait madame Gervaisais à travers le mouvement, le bruit, le tumulte heureux, l'amour populaire de cette fête religieuse et nationale de Rome : la *Buona Pasqua*.

Elle trouva Saint-Pierre rempli de foule, et toujours irremplissable, entendit la messe de victoire, puis elle suivit au dehors le peuple qui se poussait pour sortir.

Elle était sur la place : elle avait devant elle des marches noires de monde ; sur les grands escaliers montants, des hommes, des femmes, des pèlerins à coquilles, des touristes à lorgnette, des pâtres de la Sabine ; sous les pieds de la multitude, des mères, çà et là, allaitant leurs enfants de leur sein nu ; les gens du *Borgo*, du *Transtevere*, *dei Monti*, tassés autour de l'obélisque, grimpés sur les barres de fer qui relient ses bornes, sur son soubassement, sur son piédestal, lui faisant un socle de la misère en grappe des quartiers pauvres ; passant là-dedans, le *mosciarrellajo*, le marchand de marrons et de lupins qu'il débite avec un petit cornet en laiton ; sur les côtés de la place trop étroite, un encombrement de centaines de voitures de gala, des carrosses aux roues rouges, aux galeries d'or, aux caisses dorées, aux chevaux *in fiocchi*, enrubannés, empanachés, une armée de valets, de laquais, de cochers, de majordomes, extravagamment parés de livrées centenaires, galonnés d'armoiries sur toutes les coutures, avec tout le luxe vénérablement fané de la dernière des cours sacerdotales et de l'antique prélature. Au fond étincelait l'armée papale, les lignes de dragons avec le point rouge de leurs plastrons et le point blanc de l'éclair de leurs casques. Et partout un fourmillement : sur les toits d'alentour, aux fenêtres, sur les terrasses du Vatican et des deux colonnades dont la couronne de statues mettait sur le ciel le cercle d'un public de Saints.

La place bourdonnait. La multitude murmurante chauffait sous le temps lourd chargé d'un soleil flottant et qui ne se montrait pas encore. Les douze coups de midi tombèrent lentement, un rayon partit du soleil, et soudain éclatèrent, lancées dans l'air, les sonneries des deux petites cloches et du gros bourdon de la dernière fenêtre en haut de la façade. Au bruit, des choucas s'envolèrent des corniches; et de vieilles malades voilées, en béguin sous leur voile, assises, presque paralysées, sur des chaises, firent l'effort de se lever.

Une vaste curiosité commença à remuer la foule qui se serra, se tassa, eut en avant la houle d'une mer humaine, puis s'arrêta; et tous les yeux qui étaient là attendirent, avides et dévorant d'un seul regard la fenêtre de la *loggia* qu'abritait un long velum de toile, et d'où pendait un tapis de velours ciselé, brodé aux armes de Clément XI.

Longtemps la fenêtre resta vide. A la fin, des choses, une à une, se montrèrent religieusement dans son noir mystérieux : Trois mîtres, trois tiares, muettes et solennelles annonces du Souverain trois fois Roi, et encore une mître d'or, une croix entre deux cierges allumés. Puis défilèrent les Eminentissimes Cardinaux deux à deux, des Patriarches mîtrés dont la barbe avait le blanc d'or pâli de leurs dalmatiques, des Évêques orientaux, des vieillards qui rappelaient les Élus, les Bienheureux, les Vénérables, les Docteurs de l'Église, peints dans les vieilles chapelles, ombres des Grégoire et des Ambroise, qui passaient là avec des figures ressuscitées.

Cependant, toujours plus pressé, plus furieux, le bombardement des coups de cloches et la tempête de leur bronze tonnaient à toute volée, quand, dans le cadre de la fenêtre encore une fois vidée, monta doucement, avec l'ascension d'un nuage, un bout de tiare nimbé par deux éventails de plumes d'autruche ocellées de plumes de paon... Et déjà parlait une voix qui avait fait découvrir toutes les têtes et plier tous les genoux, une voix grandissante et qui remplissait la place, tant le silence de la place l'écoutait! Tout à coup la tiare d'or se leva, le Saint-Père sortit de ce qui le cachait, du livre qui le masquait; et surgissant dans toute la candeur magnifique de son costume, on le vit immobile dans sa gloire blanche...

Alors, avec une lenteur auguste, les mains du vieillard se levèrent; elles montèrent prendre au ciel la bénédiction qu'elles semblèrent, au mot *Descendat super vos*, un moment arrêtées, tremblantes et planantes, répandre et verser sur toute la Terre...

XXIX

Le soir de cette journée de Pâques, madame Gervaisais, lasse de toutes les fatigues et de toutes les émotions de la semaine, ne trouva ni le courage ni la force de sortir : elle envoya Pierre-Charles voir avec Honorine les rues illuminées, et resta seule, le souvenir et les yeux à demi-ouverts aux flottantes images saintes de ces huit grands jours.

Elle eut une impression d'être réveillée au retour bruyant de son fils, un peu fou de la fête, tâchant de la dire et impatient de la faire raconter à Honorine dont il bourrait le côté de ses deux petits poings, avec le geste naïf des enfants qui veulent faire sortir d'une grande personne tout ce qu'ils ont vu avec elle. La femme de chambre faisait le récit des pyramides d'oies plumées, des files d'agneaux à demi dépouillés, des devantures de saucissons et de fromages *di cacio cavallo* enguirlandés de lauriers, des plafonds de jambons, des perspectives de bandes de lard avec leurs dessins de couleur; des boucheries et des charcuteries en fête, flambantes de gaz.

— Au fait, madame, — fit-elle en s'interrompant tout à coup... madame sait... pour M. Joseph...

— Quel M. Joseph? Ah! Peppe...

— Oui, madame... Eh bien, madame se rappelle?... Les vingt francs que je lui ai donnés l'autre jour de la part de madame, pour cette note... Il avait dit d'abord que ce n'était qu'une pièce de vingt sous... que nous n'avions pas bien vu toutes les deux... Puis il a dit qu'il n'était pas tout à fait sûr, qu'il fallait qu'il fît son compte... Alors, moi je lui parlais de son compte tous les jours; enfin, avant-hier, il me dit qu'il n'avait pas encore eu le temps, mais qu'il croyait bien que j'avais raison... Et aujourd'hui, madame, il me

9

soutient que ce n'était positivement que vingt sous, et que madame et moi nous étions dans l'erreur...

— Eh bien, cela vous étonne? — fit madame Gervaisais sortant de ses pensées avec un sourire. — Vous ne comprenez pas, ma pauvre Honorine?... Peppe ne s'était pas confessé avant-hier; comme tous les Romains, il a dû se confesser hier, et il aura reçu l'absolution... ce qui fait... ce qui fait que ma pièce de vingt francs ne vaut plus même vingt sous...

XXX

L'espace et le temps de quelques semaines éloignèrent, effacèrent à peu près chez madame Gervaisais la mémoire de la Semaine Sainte. Il semblait que tout ce qu'elle y avait ressenti avait été un ébranlement de sa sensibilité, une secousse physique, le choc vibrant de la musique sur son tempérament musical, et en même temps une espèce de dénoûment, de déliement de sa nature comprimée, refermée, resserrée comme par des malheurs, par la fermeté hautaine des idées, par l'orgueil d'un stoïcisme de femme durement maitresse d'elle-même. Elle se reconnaissait plus triste, plus aimante, le cœur doucement gros.

Mais tout en ayant été remuée ainsi, elle ne sentait pas en elle ces premières attaches souvent ignorées de l'âme même qu'elles commencent à lier, et qu'elles doivent à la longue enlacer tout entière et pour toujours. De la grande Semaine, rien ne lui paraissait avoir germé en elle de ce qui est le premier grain de la conversion dans la secrète profondeur d'une conscience. C'était l'artiste seule, elle le croyait, qui avait été touchée par des splendeurs d'opéra et des émotions d'oratorio.

D'ailleurs, il était arrivé que, dans ces jours saints irritant la ferveur romaine, l'image de certaines idolâtries grossières avait blessé la religion naturelle et délicate de son spiritualisme. Du Vendredi Saint, un souvenir lui avait laissé la colère et le dégoût qui lui restait toujours de la matérialité du culte. C'était à une église de la Piazza Colonna : entre deux cierges, à côté d'un plat d'argent posé à terre pour les offrandes, sur une vieille descente de lit, il y avait une croix de bois noir, sur cette croix un Christ nerveux, musclé, décharné, colorié d'une couleur morbide, une anatomie d'assassiné avec du sang peint; et tout autour des adorations d'hommes et de femmes à quatre pattes choisissaient les parties frissonnantes et chatouilleuses du corps divin pour y promener leur amour.

L'image même du Saint-Père, si haute à Saint-Pierre, à la Sixtine, au balcon de la Loggia, perdit de son caractère auguste, diminua pour elle en une rencontre. Elle se trouvait près des Thermes d'Antonin. Dans le petit chemin courant entre les vignes, des paysans tombèrent à genoux comme foudroyés. Sur le petit carrefour de la *Via Latina*, près de la croix rouillée portée sur une colonne antique, au-devant d'un mur, d'une grille et de quatre têtes de cyprès, apparut une figure blanche, un chapeau rouge, trois doigts qui se levèrent et bénirent. Une face bénigne, deux petits points noirs dans les yeux, une grande bouche fine, une tête où il y avait de la malice d'homme, ce fut tout ce que madame Gervaisais vit ce jour-là du Pape.

XXXI

Dans la hâte, le désordre d'un départ de malade, madame Gervaisais avait laissé un portrait d'elle, un portrait que son enfant lui redemandait souvent, voulant avoir sa mère près de son lit à Rome, comme il l'avait dans sa petite chambre à Paris.

Une après-midi où, accablée par la chaleur, elle était étendue, lâche à tout travail, dans une songerie de réminiscence, elle reçut le portrait qui venait d'arriver par la valise de l'ambassade. Elle fit sauter le cachet de la boîte contenant le petit cadre; elle se revit à ses dix-huit ans, dans la miniature de madame de Mirbel.

Et comme si, devant son âme et ses yeux, se levaient à l'instant de la légère aquarelle, du nuage de sa couleur sur l'ivoire, la sensation émue et la présence visible d'un temps oublié, sa personne d'alors lui réapparut. Elle était coiffée avec ces cheveux s'élevant au-dessus de la tête en un gros papillon, la coiffure qui donnait le piquant d'une physionomie exotique aux Parisiennes des premières années du règne de Louis-Philippe. Des fleurs de Fombonne, une bruyère blanche et des roses de haie, étaient jetées à travers ses boucles. Elle avait une robe de tulle illusion à mailles sur satin blanc, avec la ceinture de *bleu Mademoiselle* à la mode de cet hiver-là, l'hiver de 1836. C'était pour un bal chez M. Laffitte; et son père, ce soir-là, l'avait trouvée si charmante, qu'il avait voulu garder d'elle une image qui la lui montrât toujours ainsi. Toute la petite histoire de ce portrait, elle se la rappelait ; le bal, elle le revoyait, revoyait la tenture d'un petit salon en velours brodé de soie : elle y était. Elle croyait y entendre encore les demandes à voix basse de son nom par les jeunes gens qui ne la connaissaient pas.

Et peu à peu se détachant du lointain, la fraîche mémoire de son cœur et de sa tête de jeune fille, son blanc passé de demoiselle avec son vieux père, lui revenaient peu à peu. Elle revivait ces années liées et associées aux lectures, aux travaux, aux croyances, aux rêves de l'homme politique : conversations toujours trop tôt finies, récits qui, dans sa bouche, ressuscitaient la grande Révolution, dictées de ses Mémoires dont elle était le secrétaire en tablier de soie, longues promenades où leur société se suffisait et cherchait la solitude, cours où ils allaient ensemble, étonnant le public savant de leur camaraderie ; elle retrouvait le charme intelligent, indépendant et libre de cette vie de garçon et d'étudiant, doux ménage de père et de fille, unis des deux bouts de l'âge et si bien mêlés l'un à l'autre que le père avait l'air de porter le sourire de sa fille, et la fille la pensée de son père !

Presque religieusement elle repassait toute son

aimante et sérieuse jeunesse, tout ce grave bonheur à côté du vieux conventionnel, de l'ancien homme de sang humanisé par les tendresses inconnues, la paternité d'amoureux et de grand'père du vieillard auquel était arrivée la joie soudaine d'une fille inespérée de ses soixante ans.

XXXII

Et son souvenir, devenant tout à coup pénible, allait à son mariage, à ce mariage qu'avait désiré son père, dans le pressentiment de sa fin prochaine, flatté, séduit, rassuré et consolé, en son suprême orgueil de père, par la grande position apportée à sa fille, et l'idée de la laisser, après lui, sur ce brillant théâtre d'un salon parisien qui mettrait au jour sa beauté, son esprit, son intelligence. A ce bonheur de ses derniers jours, à ce vœu près de la mort, elle s'était sacrifiée. Et elle repassait ces tristes premières années grises de son mariage, ces années vides, patientes, résignées, monotones, d'une union sans amour, sans amitié, sans estime ; ces années avec cet homme, un homme qui n'était ni bon ni mauvais, ni aimant ni égoïste, ni jeune ni vieux, ni beau ni laid, mais qui était nul, d'une de ces nullités que certains hauts fonctionnaires, sortis de leur bureau et de la société, trahissent et semblent débrider au foyer conjugal. Elle recomptait le temps passé, où chaque heure, une à une, lui avait révélé le secret du rien, la bêtise sans fond de cet homme, directeur d'une des quatre grandes directions de l'État, qui faisait des travaux estimables, passait pour un économiste, dirigeait un nombreux personnel, manœuvrait de gros chiffres, s'imposait à l'opinion par la hauteur de la place et l'officiel de l'importance.

La vie — toujours! — avec cet homme, une société insupportable à son intelligence et la blessant comme d'un pénible choc physique; — pas une pensée commune, pas un mot, pas une idée de lui qui ne révoltât en elle quelque fibre délicate ou spirituelle! Et ce moment où, malgré l'héroïsme de sa patience, son effort sur elle-même, l'orgueil qu'elle mettait à renfoncer, devant les autres, son humiliation, ce moment où, quand ce mari parlait, parlait longtemps, elle ne pouvait s'empêcher de passer la main sur son front au-dessus de ses yeux, par un geste involontaire qui avait l'air de chasser une souffrance!

Ses meilleures années encore que celles-là, les premières! Mais celles qui suivaient, quand cet homme, ce mari devint jaloux de la supériorité, pourtant modeste et si discrète, de sa femme, — jaloux avec une basse envie, jaloux avec l'amère conscience de son inégalité, avec cette haine qu'envenime le contact, le frottement journalier, le côte à côte du ménage, jaloux avec des colères rentrées et des rages blanches d'homme du monde !... Une persécution hypocrite, la persécution lassante, incessante, acharnée, d'un petit esprit, tous les supplices mesquins et taquins qu'invente la méchanceté des imbéciles, le martyre sous la torture de la rancune d'un sot qui lui jetait toujours, et à propos de tout, sa phrase ironique : « Vous, une femme si supérieure ! » Un mari qui se faisait l'ennemi intime de sa vie, de son repos, de sa tranquillité, de ses amitiés, de ses goûts et de ses idées, éloignait de son salon les intelligences qu'elle tâchait d'y grouper, lui infligeait le supplice, dont il savait la cruauté, de la perpétuité du tête-à-tête... Et cela pendant dix ans! dix ans pendant lesquels elle s'était réfugiée dans la distraction sèche et la consolation austère des livres; dix ans où, comme la Rachel de l'Écriture, elle avait crié vainement à son bourreau : « Monsieur, donnez-moi des enfants... ou j'en mourrai! » Dix ans sans être mère! Enfin, elle avait eu cet enfant-là...

Elle regarda son Pierre-Charles, sa sieste douce sur le canapé, le pur visage de son sommeil, arrêtant sur lui le souvenir de son tardif bonheur maternel. Et en même temps une grande tristesse lui vint sur la figure.

XXXIII

Quelque temps, sa vie vécue la poursuivit, s'attacha à elle, la retirant de son présent. Les lectures qu'elle commençait échappaient à son attention. Un ennui d'inoccupation et d'inactivité morale la prenait, quand un jour elle secouait ce repos malsain de sa rêverie et se mettait, pour la fuir, à courir Rome avec un entraînement de force nerveuse.

Du matin au soir elle alla par les rues, les places, les carrefours, à travers les ruines, les édifices, les effets de lumière, le pittoresque des choses et des êtres, des pierres et du peuple. On la rencontrait sur la place Navone, la place ravinée par les inondations du mois d'août, encombrée d'un marché de légumes, de bric-à-brac et de bouquins, autour de ce décor de Pannini : l'obélisque, les fleuves, les chevaux marins, les jaillissements des fontaines. On la retrouvait au Portique d'Octavie, en plein Ghetto, entre ces murs de « lombards » du Moyen âge, barrés de loquets énormes, percés de judas grillés, boutiques inquiètes de juiverie, au fumier de chiffons picoré par des poules sautant sur des chaises dépaillées. Elle s'arrêtait devant le *palazzo* Farnèse, devant le temple d'Antonin le Pieux, ses colonnes prisonnières dans la douane, devant la masse enfumée, trouée au bas de cavernes de forges, qui fut le Théâtre de Marcellus. Elle allait partout, accueillie par une sorte d'étonnement des gens de Rome qui commençaient à reconnaître cette mère, toujours avec son enfant, à son costume, au noir éternel de sa robe, à cette toilette de velours et de fourrure que madame Gervaisais portait avec son habitude de malade frileuse; et la *forestiera*, la grande dame qu'elle leur semblait être, marchant sur le pavé, paraissait une personne étrange aux préjugés romains, presque orientaux, qui attachent une sorte d'originalité scandaleuse à la femme du monde sortant à pied, fût-elle la femme d'un ambassadeur.

Les trouvailles journalières de sa curiosité, ses

rencontres au hasard, un palais grillagé de fer et de toiles d'araignée, l'auge d'un reste de tombe antique où collaient, aux reliefs des nymphes et des tritons des épluchures de salade, une rampe d'escalier où dormait le sommeil de statue d'un mendiant, un rien de style imprévu, le choc d'une ligne ou d'une couleur réveillaient ses anciens goûts de *peintre*. Elle éprouvait un continuel ravissement artistique à ce tableau mouvant : le pavé avec son animation, sa liberté et son hospitalité méridionales, les industries, les métiers, les fritureries fumantes et les cuisines en plein vent, les boutiques presque arabes, les types, les costumes, l'acquaiuolo et sa rotonde d'oranges et de citrons, le boucher blanc à l'air de sacrificateur, le plumeur de poulets, le tisseur de corbeilles de jonc sur son genou, le *carrettiere di vino*, aux chevaux empanachés de plumes de coq, à la guérite de peaux de bête, carillonnante de sonnettes; la rue de Rome, la rue rousse où soudain éclate et rit, comme le blanc d'une fleur, le blanc d'un corsage de femme, avec la transparence de son tablier sur sa jupe rose et le rouge de son collier de corail sur le brun orangé de son cou.

La chaleur, le temps que les cochers appellent *tempo matto*, le temps fou, et où des ondées d'une minute mouillent le pavé, presque aussitôt ressuyé et remontrant ses dés de mosaïque blanche, n'arrêtaient point ces grandes courses de madame Gervaisais à laquelle ne déplaisait point l'aspect d'un *vicolo* s'éteignant dans le violet d'un gros nuage de pluie, et ces ciels théâtraux d'orage, avec leurs éclaircies blafardes, leurs déchirures gigantesques et tourmentées derrière tout ce que Rome dresse de monumental en l'air.

Elle admirait avec une vivacité un peu voulue, s'excitant à admirer, se disant tout haut à elle-même : « C'est beau !... »

Les dimanches, elle prenait l'habitude de passer toute sa matinée au *Campo di Fiori*, la place devenue le forum de la campagne romaine, abritant, dans un étroit liseré d'ombre contre les murs et les marches des boutiques closes, la rangée mâle des hommes debout ou assis, avec des bâtons de sept pieds, des bâtons d'Hercule, à la main ou entre leurs jambes garnies de dépouilles de mouton. Dans les fonds, quelque *Albergo del Sole* laissait voir la crasse d'une grande voûte jaune, toute d'or, derrière des ânes et des bannes d'enfants que des petites filles berçaient d'un pied.

Toute la place brûlait du plein midi ; et dans la flamme de la lumière, sous la grande bande de tombola, où se lisait « *Scudi mille* », se groupaient, parlaient, se mêlaient, se coudoyaient d'autres hommes, vêtus de couleurs d'usure, de vert de mousse ou d'amadou, loques vermineuses que tous portaient avec des gestes lents de pasteurs arcadiens. Leurs femmes étaient aussi là, ayant comme ces yeux de chèvre qu'on aperçoit entre les feuilles de vigne, immobilisées, un panier de fougères sur la tête, dans un arrêt qui hanchait. Quelques-unes, deux à deux, marchaient, se tenant par un doigt de la main, avec un sourire qui faisait vivre un moment leur teint de cire et mourait aussitôt. Et sous la tombée d'aplomb du soleil, la petite fontaine au milieu de la place disparaissait sous la décoration humaine, l'ornement sévère, la grandeur de repos d'un groupe assis de contadines accoudées, appuyées, dans une pose de rêverie souveraine qu'eût dessinée Michel-Ange, avec l'ombre de leur visage qui paraissait de bronze entre l'éblouissement blanc de leur *panno* et de leur fichu.

Madame Gervaisais prenait là des croquis. Elle faisait même venir une de ces femmes chez elle. Et sans souci des défenses des médecins, elle commençait à en faire une étude à l'huile. Mais son esquisse n'était pas encore couverte qu'elle renvoya la paysanne, fit jeter dans un coin sa boîte et ses couleurs, surprise de se reconnaître si vite guérie d'un caprice où elle avait espéré trouver la pâture d'une passion.

XXXIV

Il lui restait une autre Rome, la Rome morte : elle se jeta à cet intérêt nouveau; et s'enfonçant dans la lecture des historiens, des antiquaires, des topographes, des derniers travaux de la science qui ont reconstruit en ces temps-ci la Rome des Rois, la Rome de la République, la Rome de l'Empire, elle allait chercher, le livre à la main, la place et le vestige des légendes et des événements. La présence des endroits lui donnait la vision des récits. Ce que rappelle une histoire lue dans l'air de son ciel faisait revivre à ses yeux le passé ranimé. Près du temple de la Vénus Cloacine elle revoyait le geste de Virginius arrachant à l'étal d'un boucher le couteau qui va tuer sa fille. Le Forum redevenait pour elle le champ de Cincinnatus; ou encore elle se figurait César y passant de ses derniers pas pour aller de la *Reggia* à la Curie de Pompée.

Elle visitait les musées, les galeries, les trésors des basiliques, les villas hors les murs, les souvenirs remplissant la ville et ses faubourgs, cherchant les débris de la vie privée et familière du Romain, les détails de l'habitation, du mobilier, de la maison, les confidences des tombes montrant souvent le métier et la boutique du mort. Elle retrouvait ce peuple, elle retrouvait ses héros, ses maîtres et ses tyrans dans ces statues et ces bustes tirés au hasard des fouilles du Panthéon ou des Gémonies, qui approchaient d'elle, comme d'une contemporaine, le défilé des monstres et des stoïques, des aïeux de la sagesse humaine et des fous furieux du pouvoir païen; la galerie des portraits de Tacite, de Salluste de Suétone, de l'Histoire Auguste. Elle interrogeait ces figures, troublée souvent par les démentis qu'elles donnaient à la postérité, inquiète de la contradiction, du hasard et de l'injustice de ces visages qui prêtaient à Trajan le crâne de l'imbécillité, à Néron le mensonge de la beauté morale. Elle étudiait ces fronts, les uns écrasés et aplatis sous le faix du monde, les autres ridés, sillonnés des plis de la carte de Strabon, ces physionomies tourmentées ou bien sévèrement apaisées, ici la sérénité suprême et douloureuse d'un philosophe, là une impériale majesté porcine.

Et de l'expression presque moderne d'un Antonin, digne de ce surnom : le *Pieux*, son attention passait et tombait à ce qu'ont rangé là la succession tragique et la dispute sanglante de la pourpre en lambeaux, la descente des Empereurs bons à la pourriture, de ces Césars moulés dans du marbre corrompu, aux types extrêmes de la sensualité bestiale, au gâtisme de la Toute-Puissance !

Entre toutes ces statues, une surtout l'impressionna : c'était un César-Auguste aux cheveux en gerbes et croisant en couronne, dans une cuirasse d'Iliade, une draperie calme jetée sur son bras porte-sceptre, pareil à un Dieu de l'impassible commandement... Madame Gervaisais venait au *Braccio nuovo* pour l'admirer au moment où le soleil lui faisait d'augustes yeux d'ombre.

Des attachements pareils, des jouissances de semblables visites aux heures favorables, lui venaient pour les ruines, les places aux colonnes fauchées, les édifices qui lèvent encore en l'air un dôme troué et des grandeurs pendantes. Des monuments l'attiraient par ce charme intime et familier, l'espèce d'amitié, comme avec des personnes, que Rome est seule à vous donner pour des lieux et des choses.

XXXV

Au milieu de ces études, une promenade qu'elle faisait, au déclin d'un jour de mai, à la Via Appia, lui laissait un de ses plus grands souvenirs émus de l'antiquité.

Vers les sept heures, au milieu d'une murmurante harmonie, d'un susurrement universel, du recueillement las de la journée finie, elle se trouvait dans le grand champ de la plaine, vert désert de ruines héroïques que traverse encore le vol de l'aigle des Césars, semé, jonché de colonnes, de débris de temples, de lignes d'aqueducs, où se lèvent de l'ensevelissement de l'herbe à droite et à gauche, partout, à perte de vue, des morceaux de monuments et de l'Histoire mangée par la Nature. Devant elle s'étendait le spectacle de cette campagne mamelonnée dont les creux commençaient à s'emplir d'ombres qui y cherchaient leur lit, et dont le terrain velouté et doré d'une lumière frisante, montrait, jusqu'à l'infini de ses plans déroulés, des majestés d'architectures, des arcatures renaissant de leurs brisures, des ponts victorieux, éternels et sans fin, retenant, sur leur ton orange, la chaleur tombante du jour comme une apothéose. Et derrière encore recommençaient d'autres débris, d'autres restes, d'autres arcatures, rapetissés par l'éloignement de la perspective jusqu'au fond de l'horizon qui se perdait déjà au brouillard des montagnes du Latium, balayées et balafrées d'une nuée grise déchirée de rose.

Elle longea le mausolée de Cécilia Metella. La Via Appia continuait. De la plaine, une brise du soir se leva ainsi que de la pierre soulevée d'un immense tombeau. Madame Gervaisais s'enveloppa de son châle contre la fraîcheur, songeuse, rêvant, pensant à cette grande Rome où menaient des avenues de tombes et qui plantait tout le long de ses routes, sur le pas du départ et du retour, au lieu de l'ombre de ses arbres, l'ombre de ses morts. Elle passait sur les grandes dalles, entre les petits murs qui recevaient sur la crête une dernière lueur de soleil dans le rouge des coquelicots : autour d'elle, le paysage, les montagnes, le ciel s'éteignaient en couleurs vagues. Et lentement défilait, semblant marcher avec elle et suivre sa voiture, cette rue de sépulcres qui va toujours avec ses rotondes, ses pyramides, ses édicules, ses cippes, ses piédestaux sans statue, ses bas-reliefs frustes, ses morceaux de torse, enfoncés comme des héros coupés au ventre, dans des tas de gravats sculptés, ses familles de bustes au regard de pierre usé, ses tumulus dévastés, volés de leur forme même, les colombarium éventrés, les sarcophages déserts, la prière croulée du : *Dis manibus*. Çà et là elle se penchait vainement pour essayer d'épeler un nom, un de ces noms de Romain qui sont une mémoire du monde. Mais les inscriptions aux lettres tombées étaient toujours des énigmes du néant. Tout était muet, la mort et la terre; et dans le vaste silence pieux de la solitude et de l'oubli, elle n'entendait rien que le bruit de la faux d'un faucheur qu'elle ne voyait pas, et qui lui semblait faire le bruit de la faux invisible du Temps.

Elle retournait, elle revenait le long du pâle cimetière qui la reconduisait de chaque côté, par la campagne douteuse où se dressaient des fantômes d'oliviers. Et bientôt, entre deux murs de ténèbres, la découpure arrêtée et rigide des maisons, des bâtisses, des toits, des pins d'Italie, à travers le mystère du sourd et puissant neutre atteinte qui monte de la terre du pays dans l'air sans jour, elle poursuivait un chemin noir qui avait au bout, tout au bout, Rome et ses dômes, détachés, dessinés, lignés dans une nuit violette, sur une bande de ciel jaune, — du jaune d'une rose thé.

XXXVI

A fréquenter le Vatican, le Capitole, à vivre de longues heures parmi ces trésors, ces reliques de marbre, de pierre, de bronze, ce monde de sculpture, un sentiment dominait bientôt, chez madame Gervaisais, le pur intérêt archéologique.

La femme d'un goût d'art supérieur au goût de son sexe, s'élevait à l'intelligence, à la jouissance de ce beau absolu : le beau de la statuaire antique. Son admiration se passionnait pour la perfection de ces images humaines où le ciseau de l'artiste lui paraissait avoir dépassé le génie de l'homme. Elle demeurait en contemplation devant ces effigies de Dieux et de Déesses matérielles et sacrées, les Isis sereines et pacifiques, les Junons superbes, altières et viriles, les Minerves imposantes portant la majesté dans le pan de leur robe, les Vénus à la peau de marbre, polies et caressées comme par le baiser d'amour des siècles, le pêle-mêle des immortelles de l'Olympe et des impératrices de l'empire, souvent représentées presque divinement nues, comme Sabine, la femme d'Adrien, arrêtant chaque visite de madame Gervaisais à son corps tout enveloppé d'une étoffe mouillée qui l'embrasse, le baigne et le serre en se collant à tous ses membres : le voile de marbre, de la pointe des seins qui le percent de leur blancheur, glisse en caresse sur le dessin de la poitrine et la rondeur du ventre, s'y tuyaute et s'y ride en mille petits plis liquides qui de là vont, droits et rigides, se casser à terre, tandis que la draperie, presque invisible, plaquant aux cuisses, et comme aspirée par la chair des jambes, fait dessus de grands morceaux de nu sur lesquels courent des fronces, des plissements soulevés et chiffonnés, des méandres de remous dans le courant brisé d'une onde. Elle ne se lassait pas, dans ces vastes musées, de se promener sous l'éternité des gestes suspendus, de frôler un jeune faune tentant d'une grappe de raisin la patte levée et les dents d'une panthère, le bord d'un vase où s'enroulait une ronde bachique, le socle où se levait quelque type admirable de l'éphébisme grec, de cette jeunesse antique qui dessinait celle d'Apollon.

Et sa longue visite ne finissait jamais sans qu'elle fît une dernière station de recueillement sur le banc, en face le bloc mutilé et sublime devant lequel passe et repasse, sentinelle du siècle qui le retrouva, un hallebardier suisse : le Torse ! — le Torse d'Apollonius, tronçon qu'on dirait détaché du ciel de la Grèce, à son plus beau jour, et qui est là, brisé des quatre membres, comme un grand chef-d'œuvre tombé d'un autre monde !

XXXVII

Cette passion du Beau païen, ce dernier refuge de cette âme inquiète et tourmentée, cette passion sincère de la Rome antique qui était arrivée à lui cacher la Rome catholique, avec la haie de ses statues et de ses images pétrifiées, madame Gervaisais la sentait en elle peu à peu s'atténuer, s'effacer, et tout à coup, par une évolution de ses idées, se retourner contre ses admirations de la veille. Cet art ne lui apparaissait plus qu'une représentation de la force, de la santé, du beau physique : elle y découvrait une sensuelle froideur ; elle n'y apercevait que le corps tout seul. Sous l'exécution, sous le miracle de l'outil, elle commençait à n'y voir d'autre idéal que celui de la matière. Dans la beauté accomplie des chefs-d'œuvre elle ne touchait plus ici qu'une beauté immobile, insensibilisée, inexpressive, presque inhumaine, et là qu'une beauté faunesque animée de la joie ivre, capricante et malfaisante du premier âge champêtre et bestial de l'homme primitif. La tête du Lucius Verus, la toison frisée de ses cheveux dévorant son front bas, ses grands yeux bovins et durs, le nez de forte énergie, ces mâchoires plantées de barbe laineuse, n'étaient plus pour elle que le type brut du violent et superbe animal romain. Tous ces ancêtres, avec la rigidité de leurs figures et de leurs toges, avec leurs rides moroses, lui montraient l'impitoyable âpreté pratique du génie latin. Dans les galeries, elle se figurait être entourée par un peuple de morts de marbre qui, vivants, en avaient eu la dureté; les matrones au repos sur des siéges roides, lui faisaient presque peur avec l'inexorable de leurs poses; et toujours plus redoutable, grandissait pour elle l'implacabilité des statues et des bustes.

En même temps, la mémoire de ses lectures la travaillant sourdement, secrètement, et sans qu'elle en eût la conscience, elle se retransportait à la barbarie de ces temps. Lentement elle se rappelait la cruauté du citoyen romain, la cruauté de la femme romaine; le plaisir public au sang, le Cirque insatiable et inassouvi, une société bâtie sur l'esclave, ce monde où l'homme naissait et vivait sans entrailles pour l'homme, sans respect pour sa vie ni pour sa mort, sans compassion pour sa souffrance, sans attendrissement pour son malheur, sans larmes pour ses larmes, un monde de fer qui faisait une faiblesse et une lâcheté de la Pitié.

Et c'était à la fin, dans ces salles, que sa pensée s'élevait involontairement au Christianisme récréant l'homme frère de l'homme, rapportant l'humanité à l'univers sans cœur.

XXXVIII

Ainsi, l'art païen même la ramenait vers les croyances rejetées par les mâles et fermes réflexions de sa jeunesse et auxquelles la femme se croyait si bien morte. Vainement elle avait essayé de résister et de ne pas s'ouvrir ; vainement son effort s'était tendu contre ce sourd travail de sentiments confus et tendres, l'intime secousse qui avait été le premier ébranlement de la sécurité et de la confiance de sa raison ; vainement elle avait usé des moyens qu'une personnalité intelligente et énergique emploie pour se raffermir et se reprendre, en s'entraînant à quelque occupation élevée qui redresse et relève. Un moment elle avait eu l'illusion d'un entier attachement à l'antique; mais elle retombait encore de là, plus lasse de lutter et se sentant plus vaincue qu'avant l'aspiration d'indépendance et de liberté de ses pensées, accablée, défaillant sous les phénomènes moraux contre lesquels elle se sentait désarmée, impuissante; et glissant aux choses religieuses comme par un attirement irrésistible à la pente d'un doux abîme, elle s'abandonnait à l'angoisse et à la langueur d'une conscience absolument découragée.

Elle cédait au dégoût de toutes les occupations qui avaient été jusque-là la force et le ressort de sa vie, n'essayant même plus de lire ou d'écrire, roulant à une tristesse brisée.

XXXIX

Dans le vide de sa pensée, dans la solitude de sa tête, un jour se leva sans raison, sans motif, sans cause, la figure du Christ. Elle eut le coup soudain de ce qu'un Père moderne de l'Église a appelé la rencontre avec Jésus-Christ, rencontré comme une personne au détour d'une rue. L'imagination de la femme venait de se trouver ainsi face à face avec lui; et une constante obsession lui en demeurait.

L'aimable Maître était en elle, présent de la présence des êtres de l'histoire et de la légende dans le souvenir continu qui les fait renaître. Il lui revenait, avec sa vie errante et sa prédication vagabonde, par les déserts et les campagnes de la Judée, cueillant la simplicité de la nature et le charme agreste de ses paraboles aux arbres, aux herbes, aux moissons, aux vendanges, au grain de sénevé, montrant le chemin du ciel dans le chemin le long des blés mûrs où ses disciples le suivaient en mangeant des épis. Il lui revenait, parlant de ces horizons de l'air libre, de ces tribunes de l'infini qui mettaient, derrière sa parole, la montagne ou la mer, et d'autres fois, du bout d'une barque d'où il tutoyait la Tempête et lui disait : — Tais-toi! Et elle aimait à s'arrêter, sans y croire, à ces tendres miracles où le Sauveur laissait tomber, sur le cadavre de Lazare, une larme humaine; car ce n'était encore que l'homme qu'elle voyait en lui, un homme semant le bien, approchant les malades, attouchant la souffrance, consolant les langueurs et les infirmités, annonçant la loi de charité et de pardon, humble et populaire, fraternel aux pauvres, appelant au royaume de Dieu les malheureux, les opprimés, les déshérités, les petits et les simples, jetant à l'affliction le mot du nouvel Évangile : *Heureux ceux qui pleurent, car ils seront consolés!* Passant poétique de la terre, roi de la douleur, qui devait laisser derrière lui la Mélancolie au monde...

Elle s'attachait encore à sa suave mémoire, ainsi qu'à celle du patron de son sexe, si aimant de la femme, et, de la crèche à la croix, si enveloppé d'elle, si pardonnant à sa faiblesse et si reconnaissant de ses parfums, que ce fut une femme qu'il choisit pour lui donner la première aube de sa résurrection.

Et mêlant sa pensée à une contemplation de Raphaël, elle cherchait, avec la beauté des lignes et la pureté des têtes du peintre, à fixer et à arrêter, par un portrait matériel, la vision du visage de ce Jésus qui flottait et tremblait, devant la vue rêvante de ses yeux, ainsi que sur l'effigie brouillée du voile de Véronique.

XL

Une méchante moquerie de petit camarade, un de ces cruels mots d'enfant contre l'infirmité de son fils, que madame Gervaisais entendait par hasard, lui inspirait l'idée d'apprendre à lire à Pierre-Charles et de donner, pour se distraire du désœuvrement de sa pensée, cette besogne astreignante et pénible qu'elle savait d'avance devoir être l'épreuve de toutes ses patiences et de tous ses orgueils de mère.

Quelque temps après son arrivée, elle avait pris, pour donner des leçons à son enfant, un sous-curé de la paroisse qui, à la première vue de son élève, avait jugé inutile d'essayer seulement de lui rien montrer : il se bornait uniquement à le garder deux heures par jour, en jouant la plupart du temps aux cartes avec Giuseppe.

Madame Gervaisais donna congé au sous-curé et le lendemain, après le déjeuner, montrant à son fils un alphabet tout neuf ouvert sur ses genoux, elle l'appela près d'elle. Il y avait sur sa figure une volonté si arrêtée, que l'enfant fut pris aussitôt du petit tremblement de tout le corps qui lui prenait lorsqu'il voyait cette figure-là à sa mère. Soumis, il s'approcha et s'appliqua docilement à répéter, après elle, chaque lettre qu'elle lui indiquait en mettant dessus une de ces allumettes de papier rose tournées par la distraction de ses doigts le soir après dîner. Il les répétait, mais avec un effort, une contention, une contraction de gosier, un travail d'arrachement, une crispation qui faisait peine à voir, et lui mettait autour des yeux la pâleur des émotions de douleur chez l'enfant.

Madame Gervaisais s'était promis de ne pas faiblir; souffrant elle-même de tout ce qu'elle lui faisait souffrir, elle le tint là pendant toute l'heure qu'elle s'était prescrite.

L'enfant avait à peu près prononcé les lettres que lui avait épelées et pour ainsi dire mâchées sa mère; mais le jour où il fallut se souvenir, avoir la mémoire des caractères, les reconnaître, faire acte d'un esprit qui sait et qui retient, quand la leçon demanda au malheureux enfant cette chose impossible et qu'il avait la conscience de lui être impossible, une petite fureur d'impuissance à faire ce que voulait le désir de sa mère monta à ce cœur d'amour. Dans la rage d'un désespoir aveugle et fou, il se mit tout à coup frénétique-

ment à trépigner sur ses deux pieds. Il répétait :
— « Pierre-Charles peut pas ! peut pas ! » —
toujours sautant, plus excité, plus agité. Il eut
besoin, pour s'arrêter, de la main de sa mère
posée sur lui et d'un regard long qui le fit, ainsi
qu'un regard dompteur, immobile et cloué au
parquet. Séance déchirante pour la mère, souvenir affreux et détesté de l'enfant qui restait énervé,
absorbé, ne s'amusant plus, bégayant encore moins
de paroles, l'air opprimé et triste comme le malheur injuste d'un enfant.

XLI

— Madame — c'était Honorine qui parlait à la
mère, — encore toute cette nuit-ci, il n'a pas
dormi... Oh ! les gueuses de lettres !... Il cherche
à les dire tout seul dans son lit.... et puis il
pleure !... il pleure, le petit homme !... Madame
finira par le rendre malade...

Madame Gervaisais ne répondit pas. Elle ne renonçait pas à son projet, à son vœu ; mais elle
tâchait d'ôter la douleur des leçons. Elle cherchait des moyens mécaniques de faire souvenir
l'enfant, des procédés de mémoire qu'elle se rap-

pelait avoir lu dans les livres d'éducation. Elle essayait de cette mnémotechnie que trouve l'ingénieuse imagination des mères pour les petites têtes paresseuses. Ses leçons sans sévérité n'étaient plus que des leçons de caresse, de douceur, d'encouragement, d'appel à l'enfant même, les effluves tendres de l'éducation maternelle. Par moments, elle semblait prier l'intelligence de Pierre-Charles. Elle lui disait : — Voyons, mon Pierre-Charles, il faut que tu lises comme les autres. Est-ce que ton petit ami René ne lit pas? N'est-ce pas que tu veux bien lire... dans ce beau livre-là?

Et l'enfant se penchant et se ramassant sur la page du livre ouvert, presque assis sur ses jarrets pliés, comme s'il rassemblait et concentrait toute sa personne en attention pour en faire sortir ce que sa mère lui demandait : — Allons! ce n'est pas si difficile... — reprenait madame Gervaisais. — Et puis tu aimes tant petite mère!... Tiens! rien que jusque-là...

Et la leçon s'arrêtait dans les effusions du pauvre enfant qui ne pouvait toujours pas lire et auquel sa mère ne disait plus un mot affectueux sans qu'il s'échappât et se répandit en sanglots, en pleurs, en crises, qui laissaient à sa figure un égarement de sensibilité dans un trouble larmoyant.

XLII

A quelques jours de là :

— Madame !...

C'était Honorine accourant à la porte.

Madame Gervaisais revenait de la promenade, où ce jour-là Pierre-Charles, paresseux, n'avait pas voulu l'accompagner.

— Madame, je vous l'avais bien dit... Le voilà malade, il est malade, le pauvre petit...

— Malade !

Madame Gervaisais courut à la chambre de son fils et le trouva couché sur son lit.

— Tu as mal, enfant chéri ? — lui dit-elle en se précipitant sur lui. — Dis à ta petite mère... Où as-tu mal ?

— Pierre-Charles sait pas...

— Là, hein ?... là, dis ?...

Et elle lui tâtait tout le corps avec ce tact d'une main de mère qui doit trouver où son enfant souffre.

— Sait pas... — répéta l'enfant dont les yeux roulaient dans leurs orbites et dont les mains se portaient machinalement à ses narines.

Elle lui toucha le front :

— Brûlant...

Elle prit ses mains :

— Et de la fièvre... Le médecin, vite, Honorine !

A ce mot, l'enfant eut une contraction des deux coins des lèvres, et, avec cette expression sardonique, affreuse chez un enfant, que lui donnait ce premier symptôme de son mal, il dit, les dents serrés :

— Médecin... Pierre-Charles plus lire...

Madame Gervaisais devint très-pâle, se jeta à genoux devant l'enfant, lui prit les mains dont elle garda le pardon moite et caressant sur sa bouche jusqu'au retour d'Honorine ramenant le docteur Monterone.

Le docteur regarda l'enfant avec un certain air mécontent, murmura entre ses dents, comme s'il se consultait, le mot de convulsions, et se retournant vers la mère :

— Le petit ami n'aurait-il pas eu quelque contrariété, une fatigue cérébrale ?

— Ah ! c'est bien cela, docteur ! — s'écria madame Gervaisais. — Vous me dites que je l'ai tué ?... Car c'est moi qui l'ai tué !... S'il meurt, je pourrai bien dire que c'est moi ! J'ai voulu... oh !

une idée imbécile!... qu'il fût comme les autres...
Qu'est-ce que j'en avais besoin, je vous le demande?... Est-ce qu'il n'était pas bien pour moi comme il était?... Voyons, qu'est-ce que cela pouvait me faire que mon enfant à moi sût lire ou pas lire?

Et ainsi s'emportant, s'égarant dans une exaltation, un délire qui, à toutes les heures de danger de la vie de son enfant, avait approché de la folie son esprit et sa raison, elle n'écoutait pas le docteur, parlant toujours, se promenant à grands pas du lit à la fenêtre, détaillant le supplice qu'elle lui avait infligé, se répétant d'une voix de mépris :

— Une mère! une mère! de l'orgueil! de l'orgueil... quand il s'agit de la vie de son enfant!

Puis tout à coup, immobile, le bras étendu devant elle, avec une voix, la voix involontaire et suspendue d'une femme qui dirait ce qu'elle voit dans un cauchemar, elle jeta par saccades :

— Un berceau doré... un drap blanc... un petit corps sous le drap... un gros bouquet de fleurs à la tête, une couronne blanche aux pieds... C'est cela, c'est bien cela!

Le docteur regarda où regardait la mère sur la place : dans le doux mystère de cette heure des morts à Rome, véritable Annonciation de la nuit, passait le convoi blanc d'un enfant.

La mère s'était retournée pour se jeter sur son fils, le sentir vivant, l'étreindre, le posséder encore. Mais devant les traits de l'enfant, déjà troublés et bouleversés, ses contractions nerveuses, elle s'arrêta net, lissa vivement de ses doigts les bandeaux de ses cheveux, et posément, comme si elle était une autre personne et une autre parole qui parlaient :

— A nous deux, maintenant, docteur ! J'ai ma tête à présent... N'ayez pas peur..., toute ma tête...

Elle disait vrai : le sang-froid lui était revenu et lui resta.

Elle le garda au milieu des soins, des remèdes, des sinapismes qu'elle faisait et qu'elle appliquait elle-même, dans une éternelle veille de toute la longueur d'une nuit, penchée sur cette maladie, la plus barbare de celles de l'enfance, des convulsions dont les accès, les redoublements et les secousses de colère semblaient vouloir déraciner la vie chez le pauvre être qu'elles tordaient.

Un moment, l'image du petit possédé de la *Transfiguration* la traversa de son épouvante : elle vit sa bouche à son enfant !

La crise ne cessa que le matin. Et le matin, le docteur ne put cacher à la mère les craintes d'un nouvel accès, une de ces crises de jour que semble exaspérer la lumière solaire.

XLIII

— Qu'est-ce qu'il y a? — dit durement madame Gervaisais à Honorine revenant de l'antichambre où l'on avait sonné.

— Madame, ce sont ces dames de la maison qui venaient pour voir l'enfant.

— Je ne veux pas qu'on le voie!

Et apercevant les femmes glissées timidement derrière Honorine, elle leur dit avec égarement, comme à des personnes qu'elle reconnaissait à peine :

— Qu'est-ce que vous me voulez, vous autres?

— Oh! madame, — dirent les deux femmes intimidées, — nous nous retirons... Pardonnez-nous... Nous allons aller pour lui à Sant-Agostino...

— Sant-Agostino? quoi, Sant-Agostino? qu'est-ce que vous voulez me dire avec votre Sant-Agostino?

— Oh! madame sait bien... la *Madonna del*

Parto, la Madone pour les enfants et pour les mères...

Madame Gervaisais, dans l'état de préoccupation fixe où elle était, ne pensait qu'à un médecin, à un guérisseur, à un charlatan. Au mot de Madone elle eut un sourire méprisant, presque amer.

Puis tout à coup, brusquement, par un retour soudain, involontaire, inconscient :

— Eh bien ! Honorine, que faites-vous là ? Vous ne me donnez pas mon châle et mon chapeau ? Vous voyez bien que ces dames m'attendent...

Elle était dans la rue. Les deux femmes l'étourdissaient des guérisons opérées par la Madone, d'histoires d'enfants sauvés, de femmes en couches rétablies. Elles lui parlaient du dernier et récent miracle qui avait été le bruit et l'édification de Rome : une princesse qu'elles lui nommaient, ayant fait vœu de donner à la Madone son peigne de 25,000 francs de diamants, si elle rendait la santé à son fils, avait voulu, son fils guéri, ravoir son peigne en donnant en argent plus que sa valeur; on lui avait dit qu'on n'osait point le reprendre et qu'elle le reprît elle-même. On l'avait fait monter sur une chaise : mais elle n'avait pu arracher le peigne de la tête de la statue. Madame Gervaisais n'écoutait pas, n'entendait pas. Toutes ces paroles n'étaient qu'un bourdonnement pour elle. Et elle allait, sans se rendre compte de rien, obéissant à un mouvement mécanique qui la poussait en avant.

En gravissant les marches de l'église, les femmes lui montrèrent une jeune femme, une jeune accouchée toute pâle, pâlie encore par le rose et la soie de sa toilette de première sortie, au bras de son mari qui la faisait monter péniblement en la soutenant.

La porte passée, dans un renfoncement obscuré, sous le retrait de l'orgue poussiéreux, dans l'ombre trouble de vieux carreaux verdis, au milieu de boiseries vermoulues, dans un recoin de ténèbres, sordide et pourri, où la saleté semblait une sainteté vierge et respectée, madame Gervaisais vit un flamboiement de cierges et de lampes, un autel de feu, devant une bijouterie allumée et braisillante, une robe de pierre précieuse habillant le marbre d'une Vierge et d'un *bambino* : le marbre chaud s'éclairait et se dessinait peu à peu, d'un noir jaune, comme flambé par la fumée des cires, ayant cette patine du culte qu'ont les marbres adorés, le ton recuit et le teint mulâtre de l'Inde.

Et madame Gervaisais finit par distinguer une belle Vierge du Sansovino, sa belle main longue et ses doigts en fuseau avançant de ce corps enfumé, incertain et douteux, assombri par le caparaçonnement des joyaux, les rangs de perles des colliers, l'écrasante couronne d'un dôme d'or, les diamants des oreilles, le gorgerin de pierreries de la poitrine, les bracelets d'or des poignets, le barbare resplendissement d'une impératrice cuirassée d'orfévrerie byzantine, auquel s'ajoutait encore l'éblouissement du petit Jésus que la mère portait sur elle, couronné d'or, bardé d'or, le bras enroulé d'une cape de chapelets d'or, de médaillons d'or, de chaînes d'or, le ventre sanglé d'or, une jambe dans un jambard d'émeraudes. Ce qu'elle apercevait encore de cette Vierge, c'était au bout de la draperie de marbre, son pied, ce pied usé, dévoré par les baisers, et dont la moitié refaite en or s'est palmée aux doigts sous l'adoration des bouches et l'usure des lèvres.

Il y avait, aux deux côtés de l'autel, des armoires, des cadres, des ruissellements de cœurs, de plaques d'argent, des *ex-voto* de toutes sortes, des broderies, des mosaïques, des peintures, des barbouillages ingénus figurant des enfants dans un lit, blessés ou malades, avec l'éternel trou céleste ouvert dans le mur par l'apparition de la Vierge et du bambino au fond de la chambre, au-dessus des médecins en habit noir; des images qui un moment étonnèrent l'œil de madame Gervaisais.

Seule à être droite devant la statue, elle se mit à regarder machinalement autour d'elle, dans l'obscurité pieuse, des agenouillements de femmes, leur châle sur la tête, et qui, pliées comme un paquet, se cognaient le front contre le bois d'un banc; des vautrements de paysans enfonçant de leurs coudes la paille des chaises, ne montrant que leurs yeux sauvages où flambait la réverbération des cierges, et l'énorme cloutis des semelles de leurs souliers; un prosternement général, incessant, se disputant les dalles; des gens de toutes les espèces, de toutes les classes, de toutes les figures, des prêtres à fin profil, le menton appuyé sur leurs mains jointes et leurs doigts noués avec le mouvement des donataires au bas d'un vitrail; des prières rampantes de jupes de soie et de jupes d'indienne côte à côte, couchant presque leurs génuflexions par terre; des prières de désespoir qui viennent de quitter le lit d'un mourant où elles ne veulent pas qu'il y ait un mort, des prières enragées de mères qui se cramponnent à un miracle!

A tout moment, la porte battante laissait entrer, avec un peu de jour derrière lui, quelqu'un, un venant du dehors qui, à peine entré, devenait une ombre, prenait de l'eau bénite au bénitier noir tenu par un ange blanc, tombait à genoux d'un seul coup, les jambes cassées, se relevait, marchait droit au pied de la Vierge, déposait dessus un baiser, posait une seconde son front sur l'orteil qu'il rebaisait ensuite, trempait le doigt à l'huile d'une lampe, s'en touchait le front. Et rien que cela, et toujours, au milieu des adorations balbutiantes, des contemplations extatiques, des attitudes fascinées, des immobilités mortes coupées de signes de croix, au bas de cette Vierge qui, de seconde en seconde, entend le bruit d'un baiser sur son pied, le pied le plus adoré du monde, et dont l'idolâtrie des bouches ne décolle jamais!

Émouvant et troublant sanctuaire, que ce coin de Sant-Agostino, cette chapelle d'ombre ardente, de nuit et d'or, l'apparence de ce grand marbre ranci, l'affadissante odeur des cierges et de l'huile des veilleuses, ce qui reste dans l'air d'une éternité de prières, les souvenirs des murs, les images parlantes des victoires sur la mort, ce silence chargé d'élans étouffés, la respiration pressée de tous les cœurs, un marmottage de foi amoureuse, suppliante, invocante, ce qu'on sent flotter partout de toutes les douleurs des entrailles de la femme apportées là! Lieu de vertige et de mystère, un de ces antres de superstition marqués toujours fatalement sur un coin de terre, dans un temple, dans une église, où l'Humanité va, sous les coups qui brisent sa raison, à la religion d'une statue, à une pierre, à quelque chose qui l'écoute quelque part dans le monde avec l'oreille du Ciel !

Les deux Romaines, qui avaient fini leurs dévotions, attendaient à la porte. Madame Gervaisais était toujours plantée debout, le visage muet et fermé, lorsqu'une mère portant un petit fiévreux d'enfant, lui pencha la tête sur le pied de la Vierge où le pauvre petit laissa tomber un baiser endormi. Soudain, mue comme par un ressort, bousculant, sans les voir, les chaises et les gens, l'autre mère marcha droit au piédestal, se jeta follement sur le pied baisé, mit sa bouche, colla son front au froid de l'or : une prière de son enfance, remontée à ses lèvres, se brisa sous ses sanglots...

Dehors les femmes étaient derrière elle : elle les avait oubliées, ne leur parla pas.

XLIV

Deux jours après, le docteur disait à madame Gervaisais :

— Chère madame, regardez votre enfant... voilà ses yeux tout à fait revenus... la pupille n'est plus dilatée... de petits avant-bras sans extension brusque... le teint, plus de marbrures... Et je vous en réponds maintenant, il est sauvé... C'est un miracle, voyez-vous... — Et il appuya malignement sur le mot « miracle ». — J'ai été inquiet un moment... Avec une organisation comme celle de votre enfant, ce mal-là, il faut toujours craindre... Enfin, dans quinze jours il sera aussi bien portant qu'avant, et c'est une grâce que ces maladies-là ne font pas toujours : il restera beau... Ah! Sant-Agostino — reprit il avec un sourire — fait de belles cures ; et si la Madone n'était venue donner un petit coup d'épaule à l'indigne docteur Monterone...

— Voyons, mon cher docteur, c'est bien fini? Vous me promettez... Vous êtes sûr...

— Mais, chère madame, encore une fois... regardez-le : ce calme, plus d'agitation... Tout rentre dans l'équilibre de l'état nerveux...

Il se pencha sur l'enfant, l'examina quelques secondes, écouta comme un secret dans ce petit corps; puis d'une voix grave qui avait l'émotion de la science :

— Je ne sais — dit-il, — je ne voudrais pas vous

donner de fausses et menteuses espérances... Mais il serait intéressant que cette crise ait pu amener à l'intérieur une révolution... Que cette petite intelligence... qui dort...

— Ne parlons pas de cela; tenez! docteur... Qu'il vive! qu'il vive! moi, je n'en demande pas plus... Qu'on me le laisse comme il m'est venu, et comme on me l'a donné... Voyez-vous, Dieu me prendrait sa beauté, oui... que je ne dirais encore rien!

— Vous avez raison, pauvre mère... De telles illusions... Ce qui n'empêche pas que si quelque chose de pareil arrivait, — fit le médecin en reprenant le ton de sa gaieté, — avec vos deux bavardes d'hôtesses qui ont déjà répandu l'histoire dans le quartier, les prêtres et les *fratoni*... Ah! le beau bruit dans notre Rome! Une Française, une femme du pays de Voltaire, à laquelle la Madone aurait rendu le corps et l'âme de son enfant! Oh! la Congrégation des Rites s'occuperait de cela : vous seriez obligée de donner une attestation à la Madone...

— Docteur, ne soyez pas méchant! Je suis si heureuse! Laissons cela, tenez! — reprit-elle d'un air embarrassé.

Le lendemain, les deux femmes étant venues la

chercher pour l'emmener remercier à Sant-Agostino, elle leur remettait l'or d'une riche offrande pour l'église, se dispensant, sous un prétexte, d'y retourner. Et toutes les fois qu'il revenait autour d'elle un souvenir, une allusion à cette visite, elle rompait la conversation, ne laissant pas aux autres le droit de toucher à ce souvenir étouffé au fond d'elle.

Une unique pensée, un seul sentiment maintenant la remplissait : son fils vivait. Inondée de cette joie immense qui suit la terreur d'une maladie, dans cet allégement bienheureux, cette possession et cet embrassement de Pierre-Charles sauvé, dans les jouissances d'une de ces convalescences qui font renaître et donnent une seconde fois l'enfant à sa mère, madame Gervaisais n'était plus occupée à rien qu'à voir revivre cet enfant qui était encore là, — et qui aurait pu ne plus y être. L'aimer désormais, l'aimer d'un amour plus jaloux et plus âpre, d'un amour retrempé à des larmes et à des anxiétés, le gâter, lui donner l'oubli, rouvrir ce petit cœur un moment refermé, le faire s'épanouir sous la douceur et la chaleur des caresses, lui rendre l'effusion et l'expansion des sensibilités qui étaient sa santé, — il n'y avait plus que cela à ce moment dans la tête de la mère.

Tout enveloppé de cette affection qui le couvait, l'enfant ressuscitait vite, mais sans que dans son état rien ne se réalisât de ce qu'avait à demi promis le docteur. La difficulté, l'embarras restait à sa prononciation; ses conceptions n'étaient pas plus vives. Il avait toujours la même peine à assembler ses idées. Sa mère croyait cependant remarquer en lui une conscience plus grande de son infirmité, une répugnance encore plus marquée à parler, à s'exprimer autrement que par le touchant langage de ses yeux, de ses mains.

Mais le docteur avait dit vrai pour sa beauté. On eût dit que le malade avait désarmé la maladie : les convulsions avaient passé dessus sans y laisser de trace, sans toucher à ses lignes, à ses traits, à la bonté de ses yeux noirs, à son petit nez aquilin, à cette bouche tourmentée et entr'ouverte de tendresse, à cette figure d'ange brun sous ses cheveux coupés à la bretonne, où le seul changement qui venait après cette crise était, aux coins des lèvres, l'ombre d'un duvet follet qui semblait, chez l'enfant de tardive intelligence, une précocité de nature et de puberté.

XLV

Quand Pierre-Charles était rétabli, madame Gervaisais l'emmenait à Castel-Gandolfo, où elle avait résolu de passer cette année-là les chaleurs du mois de juillet et d'août. L'enfant partait avec le bonheur des enfants à changer de place, tout à la fois sérieux et les yeux souriants. La voiture quittait les murs brûlants de Rome et entrait dans la campagne sèche et roussie, tachée çà et là de places noires, pareilles à des endroits brûlés. De grands bœufs marchaient dans des lits de ruisseaux taris, portant leurs grandes cornes avec la majesté de cerfs lassés; des moutons couleur de pierre broutaient la plaine, immobiles, sous un ciel entièrement strié de blanc. Au lointain, les montagnes apparaissaient comme les côtes que l'on aperçoit d'un bateau, avec un aspect de rochers azurés sortant des basses vapeurs d'une Méditerranée.

La route commençait à monter, et un *venticello* venant de la mer apportait sa fraîcheur aux voyageurs. Des haies de roses, des paysans portant des roses aux oreilles, annonçaient Albano : le voiturier en traversait au grand trot les rues aux maisons d'un gris de cendre ; puis il s'engageait dans la *Galerie*, le chemin en corniche sur le dévallement des champs d'oliviers, où, sous la voûte d'arbres séculaires faisant l'ombre d'une forêt, d'étroites percées montraient, à l'infini de la vue, une poussière de lumière marine.

Et bientôt s'ouvrait, dans un mur crénelé, la large et unique rue de Castel-Gandolfo, ayant au fond le palais du pape et son balcon de bénédiction, la rue avec ses maisons jaunes, ses jupes rouges de femmes, son pullulement de marmaille sur des marches d'escalier, ces trous étranges, ces portes, ces fenêtres de bâtisses écroulées ouvrant à vide sur des morceaux de bleu, — qui sont le bleu du lac, et qu'on prendrait pour le bleu du ciel renversé.

XLVI

Il y a à Castel-Gandolfo un endroit abandonné, un coin désert où personne ne passe, une place inanimée, muette, où des gamins jouent à la marelle italienne, au *filo molino*, une terrasse à parapet de terre et de pierre d'où roulent à pic dans le lac des pentes d'arbres et d'arbustes, diminuant à l'œil dans la descente et ne semblant plus tout au bord de l'eau que des tiges de graminées. C'est au chevet de l'église, une église montrant l'oubli et la décrépitude des siècles sur son fronton effacé, ses fenêtres bouchées, son balcon descellé d'où pend un morceau de grille, sa grande porte pourrie, son vieux plâtre mangé par les mousses jaunes. De chaque côté se pressent, délabrées, lépreuses comme cette ruine d'église, de pauvres maisons de paysans, terminées par ces grands promenoirs aux baies carrées qui permettent d'embrasser la campagne.

Ce fut là, dans une de ces maisons dont elle avait fait blanchir à la chaux tout l'étage supérieur, que madame Gervaisais s'installa avec des meubles loués à Rome, des fleurs, des stores, préférant, au confortable qu'elle aurait pu trouver dans un appartement de la grande rue, ce plaisir d'être tout le jour abritée du soleil, à vivre de l'air, à jouir du paysage, du petit lac, de son eau solitaire, de son bleu dormant, de sa plénitude ronde dans la coupe d'un ancien volcan, de son immobilité sans rides dans cette ceinture de bois et cette sauvagerie coquette, qui ont fait si poétiquement appeler ces petits lacs du pays des « miroirs de Diane ».

XLVII

Elle était là depuis un mois lorsqu'elle écrivit à son frère. « . . . .
. . . .

Je commence à croire, cher frère, que nous autres Occidentaux, nous apportons dans le Midi une certaine provision de force nerveuse qui s'épuise au bout de quelque temps et qu'il nous est impossible de renouveler là où nous sommes. Appelle cela comme tu voudras, c'est ce qui me fait défaut, il me semble, à présent. Je vais aussi bien que je puis aller, mieux que depuis bien des années. Je souffre moins et je suis débarrassée de la continuelle crainte anxieuse d'avoir toujours à souffrir. Honorine me voit sauvée, et je n'ai pas le courage de la désabuser. Et cependant, dans ce meilleur état de ma santé, je me sens prise d'une sorte de torpeur. Ce n'est pas physique. Je marche, je me promène. J'ai un plaisir au roulement de la voiture qui m'emporte par les délicieux environs d'ici. Je suis allante et venante, prête au mouvement, sans qu'il coûte à mon corps l'effort et l'entraînement qu'il exige d'ordinaire du malaise d'une malade. Même s'il se rencontrait quelque société ici, je te dirai que je serais presque en disposition de la voir. De ce côté je suis vaillante, tu vois. Ce qui m'est venu, c'est une immense paresse de tête, une fatigue à lire, à penser, à m'occuper sérieusement et spirituellement. Un livre me tombe de l'esprit comme il me tomberait des mains. J'ai peine à raisonner sur le peu que je lis. Les facultés, les fonctions, les décisions de mon cerveau s'engourdissent. J'ai l'impression d'un demi-sommeil, d'une flânerie flottante de mon intelligence. Par moments, la vie de mes idées me paraît s'en aller de moi, se disperser dans ce qui m'entoure, se fondre dans je ne sais quelle abêtissante contemplation... Je me demande si ce n'est pas ce pays d'ici, ce lac avec son eau immobile, cette terre avec sa muette sérénité, ce ciel et l'opiniâtre splendeur de son impassible bleu... Ah! cette nature d'Italie, tiens! c'est trop toujours beau, c'est beau à périr... Oh! un peu de pluie de France!...

» Après cela, la crise par laquelle mon pauvre petit chéri a passé a été un tel coup pour moi! J'en suis restée comme assommée! Si tu le voyais maintenant! Ses yeux ont encore grandi... Une chose singulière qui m'arrive : depuis quelque temps, je sens un vide, une solitude en moi. Est-

ce l'exil? l'étranger? l'absence? Non, non, il ne faut pas se faire d'illusion. Ma solitude me vient bien de moi et je ne la tire ni de mon milieu actuel ni des conditions présentes de ma vie. J'ai mon enfant, je l'aime plus que jamais ; et pourtant l'aimer et n'aimer que lui ne me remplit plus toute comme autrefois. Ici tu vas me plaisanter, je suis sûre, bâtir un roman où tu me marieras à quelque prince romain, mettre enfin ce que je te dis au compte d'un sentiment de femme tendre, amoureux... Tu te tromperais bien, cher frère : mon cœur n'en est pas du tout là. En fait d'affection humaine, il a tout ce qu'il lui faut. Et que me manque-t-il ? Pourquoi ce vide, où, quand ma pensée descend, elle a presque peur ? . . . .
. . . . »

XLVIII

Après quelques promenades, madame Gervaisais adopta, pour y passer les heures lourdes de la journée, un endroit de chère habitude, auquel la menait un court chemin sans fatigue et abrité tout le long par la magnifique avenue de la *Galerie*. Il ne lui fallait que dix minutes pour passer la petite Vierge en bois de la route et arriver au bout de l'allée s'ouvrant sur une place ronde, au bas d'une église de Franciscains, une place entourée et semée de douze stations, de douze petits autels, dont quatre ou cinq se dressaient, levant sur le lac le fer et le signe de leur croix.

Au milieu, un chêne vert énorme, semblable à un oranger monstrueux, taillé en meule, laissait tomber sous lui, vers les deux heures, de sa masse arrondie et plafonnante, solide et dense, l'ombre d'une table gigantesque; à un pied et demi de sa base, un cercle de pierre et de mousse enserrait sa terre, mettant à son tronc le siége tournant d'un banc rustique, invitant au repos de ce lieu où dormait le jour, où le soleil ne tombait que par gouttes.

De là, on pouvait embrasser tout l'horizon, pareil à un grand sourire, le lac, la douce ligne serpentante des collines en face, ondulantes et fumeuses à gauche ainsi qu'une grève perdue dans de la vapeur, élancées sur la droite, montantes, accentuées, dessinant à leur pointe le souvenir du sein tari d'un volcan, puis redescendant et s'en allant mourir dans la molle perspective rayonnante et poudroyante, splendide et bleuâtre, d'où se détachaient la ruine grillée de *Rocca di Papa*, *Monte Cavi*, le point blanc de la *Madonna del Tuffo*, et les grands murs, tout au loin, du *Palazzo di Frati*.

Un jour que madame Gervaisais était sous le chêne, les yeux glissés, détachés du livre qu'elle y apportait d'ordinaire et qu'elle oubliait bientôt de lire pour regarder, — une grande femme, aux blondes anglaises lui battant les joues et lui tombant sur la poitrine, à la toilette excentrique, déboucha de la Galerie. Elle fit un petit : Ah ! d'étonnement en voyant quelqu'un sous l'arbre. Puis elle salua madame Gervaisais, s'assit près d'elle, attira vers elle silencieusement Pierre-Charles, comme un enfant qu'elle eût connu, entra avec le fils, avec la mère, dans une sorte d'immédiat voisinage amical par la seule présentation d'une rencontre sympathique, sans un mot, sans une parole, avec l'aisance originale, la familiarité conquérante dont les grandes dames russes ont le secret. Puis apercevant le volume à côté de madame Gervaisais, d'un geste dont la grâce légère excusait l'indiscrétion, elle rejeta d'un coup d'ongle la couverture du livre, qui, ouvert, laissa voir son titre : *Essai sur l'indifférence en matière de religion*.

— Au fond du gouffre... il est maintenant au

fond du gouffre, monsieur l'abbé de Lamennais...

Elle dit cela sèchement ; et refermant le volume, son regard, son attention, ses idées, eurent l'air de quitter sa voisine et d'aller se perdre au ciel, au lac.

Sa contemplation finie, elle se leva ; et s'inclinant avec une politesse rare devant madame Gervaisais :

— Ce n'est plus mon arbre... J'espère, madame, qu'il sera le nôtre...

XLIX

Moins de deux semaines après, sous le même arbre, par une de ces communions rapides, de ces intimités subites entre deux âmes qui s'attendent et que rapproche un hasard, les ouvrant l'une à l'autre, l'étrangère épanchait ainsi la confidence et le secret de sa vie devant madame Gervaisais :

— . . . . Je prenais des leçons d'italien d'un prêtre romain, un vieillard aimable, il était gai, ne me parlait jamais de religion, et l'étude avec lui me plaisait beaucoup. Il tomba malade et mourut. Ma mère me proposa d'aller à son enterrement. J'acceptai de grand cœur.

Ce pauvre homme, il me semblait que je lui devais ce souvenir... J'étais à peine entrée dans l'église qu'une voix intérieure me dit : « Tu hais la religion catholique, et cependant tu seras un jour toi-même une catholique... » Je pleurai tout le temps que dura l'office, sans savoir si c'était le mort ou la voix qui me faisait pleurer... Je vous ai dit le désespoir que j'avais éprouvé à quinze ans quand ma mère m'annonça qu'elle s'était convertie à la religion catholique et qu'elle avait quitté la religion grecque, les nuits que je passais à pleurer, le serment que je m'étais juré, dans l'obscurité, de ne jamais changer de religion, et que chaque soir je me répétais avant de m'endormir... Ce soir-là, le soir de l'enterrement, après mon serment prononcé, je me mis à prier pour les Jésuites!

. . . .

Ma mère n'a pas voulu que je fisse mes vœux avant trente ans ; mais j'ai été mise en correspondance avec la Mère générale du Sacré-Cœur qui a bien voulu consentir à me recevoir et à me considérer comme membre de la Société, quoique retenue encore dans le monde... Mais du reste, mes trente ans ne sont pas loin, je vais les avoir dans quelques mois... — dit en finissant la comtesse Lomanossow.

L

Dès lors, régulièrement les deux femmes se rencontrèrent et se retrouvèrent à trois heures, sous le chêne vert. Après les premiers mots, un rapide échange des nouvelles du corps et des entretiens de la terre, la comtesse se mettait à parler la langue de son âme avec un accent toujours plus vibrant de foi, une élévation plus mystique, une voix qui à la fin semblait s'en aller du monde.

Quelquefois là-dedans tombait un récit, un détail du martyrologe catholique de sa famille. Elle disait l'homicide mariage de celui-là de ses aïeux, un des grands noms de la Russie, condamné par l'impératrice Anne à épouser une bohémienne octogénaire, dans la maison de glace, sur un lit nuptial de glace où l'on fit, le lendemain, la levée des deux cadavres roidis : horrible exemple qui paraissait éveiller en elle quand elle le rappelait, une sourde envie et des appétits sauvages d'une mort martyrisée.

Madame Gervaisais l'écoutait sans l'interrompre regardant, à mesure qu'elle parlait, tout ce qui passait sur ce visage d'inspirée, ce visage à la fois doux et intrépide, court et carré, au nez qu'un méplat aplati faisait paraître presque fendu au bout, aux yeux qui, sous leurs épais sourcils blonds, retenaient, de la lumière, un rayonnement roux autour du bleu aigu de la prunelle, des yeux qui tenaient du Scythe et du lion, du lion surtout avec lequel l'étrangère avait encore une autre ressemblance : les deux magnifiques rouleaux de ses cheveux d'un fauve ardent, lui passant sous les oreilles, descendant sur sa poitrine, à la façon de la crinière échevelée dont se voile, sous le pinceau des primitifs, la nudité des Madeleines aux cavernes des Thébaïdes.

LI

Au milieu de ces exaltations et de ces extases de paroles, jamais un mot n'échappait à la bouche de la comtesse pour essayer de convertir madame Gervaisais. Ce qu'elle disait devant elle ne s'adressait pas à elle; c'était un soliloque d'enthousiasme qui montait et allait se perdre à ces nuages de la Nouvelle Jérusalem céleste où le Swedenborgisme cause avec les anges, un rêve à voix haute où la Parisienne jetait de temps en temps une ironie polie : la comtesse n'entendait pas, continuait, ou se taisait avec l'air de prolonger et de poursuivre intérieurement sa pensée.

Aux beaux jours bleus, les deux femmes partaient, l'enfant entre elles deux, dans une voiture qui leur faisait faire invariablement cette promenade à Gensano et au lac Nemi, où elles goûtaient la vue de ce précipice de verdure, déployé sous le pont de l'Ariccia, et les brusques passages des ombres étouffées des cavées aux largse respirations sur la plaine infinie.

C'était une fête pour Pierre-Charles, gai du bonheur physique de sa santé revenue et de la joie du temps dans le paysage. En route, attirant à lui sa mère, lui prenant le menton avec le bout de ses doigts, il approchait et penchait sa figure sur la sienne pour faire tomber son baiser sur le sien; puis il se mettait à chantonner à demi-voix une musique qu'il inventait pour se parler, pour se chanter à lui-même, — monologue gazouillant, parfois sublime, de l'enfant à demi muet.

Les deux femmes voiturées laissaient paresseusement leur venir de grands et longs silences, passives et pénétrées d'un ravissement ébloui devant ces champs de soleil, rayés de traits d'or par les échalas de roseaux, cette campagne où la feuille découpée de la vigne, le maïs oriental, les tiges de la fève, les plantes artistiques du Midi, pétillaient partout de lumière, devant ces espaces incendiés où se perdait la verdure des oliviers poussiéreux jusqu'à cette ligne de vif-argent, la mer, — une mer fermant l'horizon avec un petit rivage blanc de l'Odyssée.

Ce fut au retour d'une de ces radieuses journées, que dans un mouvement abandonné, pressant les deux mains de madame Gervaisais, la comtesse lui disait : — « Je ne sais comment cela se fait, ma si chère, ma si belle ; mais je ne puis plus aimer quelqu'un à présent, si je n'ai pas un peu de son âme se donnant à moi avec son cœur... L'intimité ne me paraît complète que si Jésus-Christ est de moitié entre deux personnes... Mes amitiés ont besoin d'un lien surnaturel. »

LII

Dans les derniers jours de son séjour à Castel-Gandolfo, madame Gervaisais eut l'émotion de la visite d'adieu que vint lui faire la comtesse Lomanossow, voulant se rendre à Jérusalem avant de prononcer ses vœux au Sacré-Cœur, et partant pour s'embarquer à Naples.

En la quittant, la comtesse lui remit comme souvenir un petit cahier de *Pensées Religieuses* qu'elle avait baptisées d'un nom d'une pauvre plante des steppes de son pays, d'une plante sans racine, promenée et emportée au vent d'hiver avec sa fleur et sa semence, germant sans sol, sans autre patrie que la tourmente et la poussière, l'humble plante d'exil, de misère et de sacrifice que la langue poétique du Nord a appelée la *Fiancée du Vent*.

A la première page du cahier, il y avait ce nom : — *Le P. Giansanti*, au Gesù.

LIII

Madame Gervaisais revenait de Castel-Gandolfo, attendrie dans toutes les fibres intimes de son sexe, par le je ne sais quoi de fondant, ce charme que possède le Midi, selon la remarque délicate d'une compatriote de la comtesse, pour vaincre le dur des âmes du Nord et les livrer, déliées et déraidies, au catholicisme. Un enchantement mystérieux tenait arrêtées et suspendues ses pensées, leurs résistances, la volonté de son raisonnement. Et le sens critique, la haute ironie qui étaient en elle, abandonnaient tous les jours un peu plus cet esprit dominé par la tendance d'impressions qui ne cherchaient plus à être que des impressions acceptées et soumises d'adoration. Sa vie, elle ne la vivait plus dans le sang-froid et la paix de sa vie ordinaire ; elle la vivait dans l'émotion indéfinissable de ce commencement d'amour qui s'ignore, de ce développement secret et de cette formation cachée d'un être religieux au fond de la femme, dans sa pleine inconscience de l'insensible venue en elle des choses divines et l'intime pénétration silencieuse comparée par une exquise et sainte image, à la tombée, goutte à goutte, molle et sans bruit, d'une rosée sur une toison.

Souvent l'effusion de ces sensations inconnues, montant d'elle, s'élançait de sa bouche : en faisant de la musique à son enfant, elle ne pouvait s'empêcher tout à coup de chanter, ne cessant qu'à l'entrée d'Honorine, qu'elle savait venir pour lui rappeler là-dessus la sévère défense de M. Andral.

LIV

Au milieu de tout ce qui commençait et se préparait en elle, dans cette ouverture tendre, presque mouillée de son cœur, tombait la fraîche impression d'un petit livre qui semble parler, avec un langage et une voix de nourrice, à l'enfance chrétienne d'une âme. Tout était douceur dans ces pages du Saint et du Docteur de la douceur, tout y était caresse, tendresse, bercement; les mots y coulaient comme le miel et comme le lait; la piété y devenait un sucre spirituel. La dévotion y était peinte avec ses délices et ses intimes sources de courage, donnant à la vie une amabilité délicieuse, la facilité de toutes les actions, la bénédiction et la couronne de toutes les affections de famille, de ménage, d'amitié, un allégement heureux, allègre, du travail, du métier, des peines, des inquiétudes, des amertumes de chacun; suave attouchement d'une loi sans sévérité, sans exigence de détachement et de renoncement, qui, laissant l'homme au monde, lui donnait, pour passer à travers les choses du siècle, l'onction bénie d'une sorte d'huile sainte. A ceux qu'il sollicitait, le livre ne demandait que de se faire semblables aux petits enfants qui, d'une main, se tiennent à leur père, et de l'autre cueillent des fraises et des mûres le long des haies : une de vos mains dans la sienne, un *revenez-y* de votre regard au sien, il n'en fallait pas plus pour avoir à vous la bonté du Père éternel. Style d'amour, langue enveloppante, familiarité des idées et des mots, naïveté bénigne, simplicité débonnaire, jolies images gracieuses, chatouillantes et douillettes, images du Tendre divin, rappels d'un objet de « galantise » ou d'un souvenir du lac d'Annecy, symbole du péché dans les épines de la rose, retour à Jésus par une œillade intérieure, fleurettes de gentillesses que sème à toutes les lignes l'Apôtre essayant d'enguirlander les âmes ; il y avait là pour madame Gervaisais un enlacement auquel elle se trouvait toute prête. Et à mesure qu'elle avançait dans l'*Introduction à la vie dévote* qui fait du Crucifié un bouquet à porter sur la poitrine, elle se sentait plus entourée de ce que saint François de Sales évoque, de l'enivrement de la terre et du ciel, d'œillets, de lys, de rossignols, de colombes, de musiques d'oiseaux, d'une aimante animalité, de parfums d'arbres, de toutes les félicités colorées, brillantes, chantantes, bourdonnantes, odorantes, d'une nature en séve sourcillante des petits ruisseaux de la Grâce ; et elle éprouvait la molle séduction d'un jardin de Paradis où une bouffée de printemps rapporterait un écho d'une hymne de Saint François-d'Assise au Dieu chrétien de la Nature.

LV

Elle se mit à aller au Gesù.

Elle n'y priait pas. A ses lèvres, ne montait pas encore une formule de foi, un acte d'invocation, une récitation pieuse, mais elle y restait agréablement dans une vague paresse de contemplation priante. Sa pensée molle s'abandonnait à l'amoureux de cet art jésuite, épandu et fondu comme la caresse d'une main sensuelle, dans le travail magnifique du décor et l'adoration de la richesse des choses.

Elle aimait, sur sa tête, cette voûte, semblable à une arche d'or, fouillée d'ornements, de caissons, d'arabesques, illuminée par des baies où se détachaient, fouettées de soleil, des grâces de Saintes. Elle aimait la fête enflammée de ce plafond où s'enlevait, dans les couleurs de gloire du Bachiche, l'Apothéose des Élus, leur mêlée triomphante sur des vapeurs, pareilles à des fumées d'encens, et qui, débordant de la bordure turgide et gonflée de fleurs, répandaient des lambeaux déchirés du ciel, de vrais nuages arrêtés à la voûte où de grands anges agitaient des remuements de jambes et des frémissements d'ailes. Cette roulée ondulante, ce milieu palpitant, ce spectacle pâmé, ce demi-jour versé du transparent cerise des fenêtres, et où glissaient ces flèches de lumière, ces rayons visibles, transfigurant de couleurs aériennes des groupes de prière, cet éclairage mêlant un mystère de boudoir au mystère du Saint des Saints, cette langueur passionnée des attitudes enflammées, abandonnées, renversées, ces avalanches de formes heureuses, ces corps et ces têtes s'éloignant, dans la perspective des tableaux et des statues, avec le sourire d'un peuple de vivants célestes, la suavité partout flottante, ce qui semblait divinement s'ouvrir là d'une extase de sainte Thérèse, finissait par remplir madame Gervaisais d'un recueillement charmé, comme si, dans ce monument d'or, de marbre, de pierreries, elle se trouvait dans le Temple de l'Amour divin.

Tous les dimanches elle assistait à la messe avec son enfant. Elle écoutait l'office, tendait son attention au grand mystère, encore voilé pour elle, qui se célébrait au maître-autel; exaltée pourtant par ce qu'elle ressentait de la musique, des voix, de ce qu'ont, pour amollir et ravir, la grave onction et la volupté tendre du Sacrifice divin.

Mais plus encore que le reste de l'église, une chapelle l'attirait : la chapelle de Saint-Ignace. Son pas, instinctivement, y allait à son entrée, à sa sortie.

Une barrière ronflante et contournée, sombre buisson de bronze noir, aux entrelacs balançant des corps ronds d'enfants, et portant sur des socles de pierres précieuses huit candélabres opulemment tordus; un autel d'or au fond duquel une lampe allumée mettait un brasier de feu d'or; partout de l'or, de l'or orfévré, étalé, épanoui, éteignant, sous ses luisants superbes, le vert et le jaune antiques; au-dessus de l'autel, un bloc d'où jaillit le rinceau d'un cadre enfermant, caché, le Saint d'argent massif, un cadre porté, enlevé, couronné par des anges d'argent, de marbre et d'or; au-dessus, l'architrave, sa tourmente, l'enflure de ses flots sculptés, un ruissellement de splendeurs polies, un groupe de la Trinité dont se détache, dans la main de Dieu le Père, la boule du monde, le plus gros morceau de lapis lazuli de la terre; de chaque côté, des figures descendantes et coulantes, des groupes, des allégories aux robes fluides et vagueuses, une rocaille luxuriante dont le lourd embrassement doré étreignait la blancheur des marbres ; trois murs de trésors enfin, — c'était cette chapelle.

Quand elle était assise depuis quelque temps devant cela, son regard, arrêté sur les statues prenant sous le feu des cierges la chaleur et la tiédeur de l'ivoire, croyait, à la longue, y voir venir, sous le vacillement, un peu de la vie pâle de l'autre vie ; et dans la chair de marbre des deux figures de la Foi et de la Religion, tremblait et s'animait presque pour elle une chair angélique.

LVI

Secrètement, une métamorphose s'accomplissait au dedans de madame Gervaisais. L'orgueil de son intelligence, son esprit d'analyse, de recherche, de critique, sa personnalité de jugement, l'énergie, rare chez son sexe, des idées propres, semblait peu à peu décliner en elle sous une révolution de son tempérament moral, une sorte de retournement de sa nature. L'amollissement des premières approches d'une foi la livrait à la séduction de ces sensations spirituelles dont l'action est si agissante sur l'organisme d'une femme à l'âge où elle redescend sa vie. Et le passé de son éducation, l'acquis de ses forts et vastes travaux, le souvenir armé et rebelle de ses anciennes lectures, ne la défendaient plus contre cette adoration non réfléchie née et développée en elle par la prise de tous les sens d'une âme.

Aux rares heures où elle repossédait sa pensée, elle cherchait avec sa conscience des compromis, des arrangements, acceptant de certaines parties, certains dogmes de la religion, en rejetant d'autres, plus chrétienne que catholique, se réservant un reste de libre arbitre, et ne prenant des choses saintes que ce que lui permettaient d'en prendre ses lumières. A ces heures de débat intérieur, comme pour fixer la limite et la mesure qu'elle avait peur, vis-à-vis d'elle-même, de dépasser, elle remplissait des pages dans lesquelles elle confiait à la mémoire du papier une sorte de journal religieux qui gardait, notées, les confessions de cet esprit, et de son passage presque fatal d'un théisme nuageux à un catholicisme rationnel.

LVII

L'automne avançait, l'hiver arrivait sans que madame Gervaisais sentît le besoin ni le désir de reprendre ses relations. Elle négligeait même la maison où elle s'était trouvée reçue le plus sympathiquement, le salon Liverani, dont elle avait goûté un moment l'habitude. Ses visites s'y espacèrent; puis elle n'y parut plus. En dehors de l'absorption où elle était, et du retour sur elle-même qui la retirait à la société des autres, madame Gervaisais avait été détachée lentement et peu à peu de cette liaison par la séparation sans choc, sans diminution d'estime de part et d'autre, qu'amène insensiblement et involontairement le contact de ces deux natures dissemblables et contraires : une Française et une Italienne.

La Française trouvait chez l'Italienne une ignorance et une quiétude de l'ignorance qui ne s'accordait guère avec le savoir et la curiosité active de son intelligence. La netteté, la résolution, la virilité de son esprit, s'accommodait assez mal du flottement d'idées, noyées et vagues, où vivait la princesse promenant autour d'elle une contemplation superficielle, satisfaite et irréfléchissante, avec la paresse morale d'une odalisque, l'apathie épanouie et vide de la femme d'Orient qu'est déjà, sous sa vivacité extérieure, la femme d'Italie. L'Italienne étonnait encore la sérieuse femme de pensée par une unique occupation de tête : vertueuse, exactement honnête, elle ne voyait dans la vie et dans le monde que l'amour, ne s'intéressait qu'aux choses d'amour, ne parlait que d'amour, n'écoutait que lorsqu'on parlait d'amour, et ne voulait, auprès d'elle, qu'histoires, nouvelles, contes et médisances d'amour, théorie et esthétique d'amour. Mais plus que ces contradictions, une certaine manière d'être de la princesse avait empêché l'intimité des deux femmes : l'Italienne, rapprochée de la nature, déterminée par le premier mouvement du sang, indocile aux conventions de la société, sincère, franchement elle-même, l'Italienne n'est cela qu'avec le mari, l'amant, les enfants, les cousins, les parents, la grande famille romaine, encore aujourd'hui si nouée, si étroitement ramassée et serrée dans la confiance mutuelle des proches. Elle ne se montre pas, ne se communique pas, ne se donne pas, comme la Française, dans les rencontres et les relations passantes de la vie du monde. Elle a pour toute personne qui n'est ni de sa patrie, ni de sa race, ni de son nom, sous le sourire et l'accueil des lèvres, un fond fermé, une défiance en garde contre l'étranger, et surtout contre l'ironie de Paris redoutée de l'ironie de Rome. Madame Gervaisais avait été toujours avec elle arrêtée à un moment de demi-abandon par cette note de réserve.

D'ailleurs la princesse, pareille aux femmes de son pays, était plus faite et plus portée pour l'amitié des hommes que pour celle des femmes.

Enfin, madame Gervaisais, à ce moment même de sa disposition religieuse, se trouvait un peu blessée par ce dont était composée la religion de la princesse, un mélange de croyances crédules, de superstitions locales, de préjugés de peuple, relevés de quelques pratiques humbles d'orgueil nobiliaire, — comme d'aller, le mercredi de la Semaine Sainte, en compagnie des dames du Livre d'or romain, laver les pieds des pauvresses à la Trinité des Pèlerins.

LVIII

Madame Gervaisais était ce jour-là au Gesù.
On prêchait. Le sermon commençait. Le pré-

dicateur venait d'apparaître sur le tréteau, à côté de la table et du fauteuil. Il s'était d'abord mis à genoux en se tournant vers l'autel, puis se recoiffant de son bonnet et s'asseyant, il avait déplié son mouchoir, essuyé ses lèvres, reposé le mouchoir à côté de lui, et attendu le silence. Enfin il se leva tout d'une pièce, et parla.

C'était un talent de l'Ordre ; un acteur, un mime, *commediante, tragediante*, dont l'éloquence gesticulante et ambulatoire arpentait l'estrade, et dont le feu dramatique brûlait les planches de sa chaire. Il déclamait, il pleurait, il sanglotait, il enflait sa voix, il la brisait, il geignait et il tonnait, en un sermon qui donnait à son public toutes les émotions et toutes les illusions d'un débit et d'un jeu de théâtre.

Madame Gervaisais commença à écouter, puis n'écouta plus, son oreille se réveillant à peine sur des notes de colère qui lui donnaient un rapide soubresaut, après lequel elle recommençait à ne plus entendre le sens ni la suite du sermon. Soudain, elle reçut comme un coup à cette phrase du prédicateur :

« — Femme imprudente et téméraire, et non-seulement imprudente et téméraire, mais misérable et infortunée... »

Il s'arrêta, fit une pause, reprit :

« — Car si Dieu s'est manifesté par d'autres témoignages que ceux de la nature, s'il a fait connaître lui-même au genre humain ses conseils et ses volontés, quel jugement porter de cette femme qui dédaigne de s'assurer de ces manifestations divines, et déclare avec assurance qu'elle trouve en elle-même, et dans les seules lumières de sa raison, tout le nécessaire de son âme pour sa conduite religieuse et pour l'accomplissement de ses devoirs et de ses obligations envers Dieu?... Pourrons-nous nous empêcher de dire... — et ici sa voix pleura presque, —... Pourrons-nous nous empêcher de dire qu'elle est malheureuse et imprudente? »

Madame Gervaisais était devenue tout attentive et sérieuse.

« — Et en effet — continuait l'orateur — c'est une imprudence de ne tenir aucun compte des probabilités, imprudence d'autant plus grande que ces probabilités sont plus évidentes et plus certaines. C'est une imprudence de mépriser les conjectures, et c'est une imprudence impardonnable quand le nombre en est presque infini, quand leur poids et leur valeur les élèvent à la force d'une démonstration rigoureuse. Elle est donc d'une inexcusable imprudence, cette femme imprudente qui, sans tenir compte de toute la force de ces conjectures, négligeant toutes ces vraisemblances sur lesquelles repose la probabilité du grand Fait divin, répète, écrit qu'elle n'a pas d'autres recherches à faire, et que c'est assez pour elle que les enseignements de sa raison. »

Et à chaque parole nouvelle qui tombait de la chaire, madame Gervaisais sentait comme un dévoilement plus entier du plus caché d'elle-même fait au public, une espèce de mise à nu et d'exposition flétrissante de ses idées, de ses doutes, de ses hésitations, des objections de sa pensée religieuse encore en révolte contre la révélation.

Le Père jésuite terminait ainsi : « — Femme imprudente et téméraire, et non-seulement imprudente et téméraire, mais misérable et infortunée ; car ce n'est pas seulement la créature qui souffre qu'on peut dire malheureuse, elle l'est aussi, celle qui s'expose à souffrir les peines éternelles... N'est pas malheureuse seulement la créature qui porte le poids de la colère divine ; mais encore celle qui ne fait rien pour s'en préserver. Or, que fait cette femme dont nous venons de parler ? Dans l'audace et l'insolence de son esprit, elle s'expose à transgresser les préceptes divins, elle ne se précautionne pas contre le crime de renverser cet ordre qu'il est souverainement pro-

bable que Dieu a décrété. Elle semble dire à tout
le monde par sa conduite : Je m'inquiète peu des
desseins de Dieu, et peu m'importe de savoir quels
peuvent être ses conseils... Et que sait-elle si Dieu
ne lui dira pas à son tour : Ni moi non plus, je ne
songe pas à vous... ou si j'y songe, c'est seulement en Juge Vengeur ! »

A ce dernier mot, madame Gervaisais crut voir
sur elle les yeux de ses voisins, comme si le prédicateur l'avait désignée de son dernier geste.

LIX

Madame Gervaisais sortit de l'église, bouleversée,
éperdue, avec l'épouvante d'une femme qui penserait que quelqu'un est entré la nuit dans sa conscience et lui en a volé tous les secrets.

En entrant dans son petit salon, elle y trouva
son domestique :

— Qu'est-ce que vous faites ici ? — lui dit-elle
terriblement.

Peppe, aussi tranquille qu'un sourd qui s'en va
quand on l'appelle, allait passer la porte avec son
dos fuyant et les pans ridicules de son habit noir.

— Giuseppe ! — lui cria madame Gervaisais.

Alors le petit homme trapu et velu, aux bras ballants, aux cheveux en brosse d'où se détachaient des oreilles d'homme des bois, se décida à revenir, et s'appuyant des deux mains sur le bureau, il articula d'une voix caverneuse qui semblait sortir d'un antre :

— Que désire Madame?

Et il restait là, immobile, calé de ses deux mains, avec une expression noire, profonde, méditative et machiavélique.

— Envoyez-moi Honorine... — fit madame Gervaisais en changeant d'idée.

Giuseppe répondit à l'ordre avec le clin d'œil dont il usait habituellement pour s'épargner la peine de répondre.

Aussitôt qu'il fût sorti, madame Gervaisais se jeta sur un coffret dont elle retourna anxieuse tous les papiers.

— Madame me demande?

C'était Honorine qui entrait.

— Oui... Giuseppe? En êtes-vous sûre?

— Oh! je l'ai toujours dit à madame : c'est le plus grand voleur... Tout ce qu'on laisse traîner, on ne le revoit plus...

— Il ne s'agit pas d'argent...

— Et puis, — reprit Honorine, — cet homme-là... avec sa pâleur de déterré... Si madame le voyait le soir sous la veilleuse, dans la petite antichambre verte...

— C'est pour des papiers, ces papiers que j'écris pour moi... On ne sait pas, dans ce pays-ci... Ils auront peut-être voulu voir...

Elle murmura tout bas : Leur Saint Office...

Elle reprit :

— Eh bien !... Giuseppe... vous dites ?

— Moi, madame ? Je le crois comme les gens d'ici : capable de tout...

— Mais vous n'avez rien vu ? L'avez-vous surpris ? L'avez-vous trouvé à vouloir ouvrir mes tiroirs ?

— Ça, non... Je ne peux pas le dire à Madame... Mais...

— Laissez-moi...

Et madame Gervaisais se replongea dans ses papiers, les vérifia, compta les feuilles de papier à lettres sur lesquelles elle avait jeté un « Journal de ses idées » interrompu depuis deux mois. Rien ne manquait, n'avait été dérangé. Les dates se suivaient. Cependant elle ne dormit pas de la nuit.

Le lendemain matin, une des premières paroles de M. Flamen de Gerbois, qui venait la voir après son déjeuner, était :

— Vous étiez hier au Gesù... Je l'ai su par la princesse Liverani... Vous avez entendu les terribles paroles contre la princesse de Belgiojoso?

— La princesse de Belgiojoso!... Ah! vraiment, c'était contre la princesse de Belgiojoso! laissa échapper madame Gervaisais.

Elle respira, profondément soulagée, ne comprenant pas comment elle avait pu, sans une perte momentanée de son bon sens, concevoir ses soupçons, ses imaginations insensées de la veille.

Et cependant, quand M. Flamen de Gerbois fut parti, elle ne retrouva pas une entière tranquillité. Une terreur lui resta. Dans l'état d'exaltation où elle était depuis quelques mois, l'impression avait été trop forte et trop poignante pour qu'elle ne demeurât point frappée par la peur religieuse de cet anathème lancé contre une autre femme osant penser à peu près ce qu'elle pensait. Il y avait eu là comme un éclat de la foudre de l'Église tombée à côté d'elle, et qui l'aurait effleurée... Bizarrerie des conversions qui ont leur jour, leur heure, qui peuvent venir d'un contre-coup sans raison, que des années amènent, préparent, et que fait jaillir souvent un accident, un hasard, le rien immotivé qui décide et enlève!

LX

Vaste embrassement, immense contagion sainte, que la Religion à Rome.

Rome, avec la majesté sacrée de son nom seul ; Rome, avec ses monuments, ses souvenirs, son passé, ses légendes, avec ses églises aussi nombreuses que les jours de l'année, ses oratoires, l'escalier de ses prie-dieu jusque dans les ruelles, ses quatre cents Madones; Rome, avec toutes les *funzione* religieuses et quotidiennes de son *Diario*, les messes capitulaires, les messes votives, les messes conventuelles, les chapelles cardinalices, les chapelles papales, les fêtes patronales, les fêtes fleuries, les fêtes septenaires, les offices capitulaires, les anniversaires de dédicaces, les bénédictions d'une ville où tout se bénit, bêtes et gens, les malades, les chevaux de la poste, les agneaux dont la laine fait les *pallium ;* Rome, avec les sermons de la Sapience, les prédications permanentes, les distributions d'Eulogies, les conférences religieuses appelées *fervorino*, les chemins de croix, les *triduo*, les neuvaines, les stations, les processions diurnes et nocturnes, les communions générales, les Quarante heures, les expositions du Saint-Sacrement, les adorations annoncées par l'*invito sacro* collé sur un bout d'arc antique; Rome, avec ses martyrs, le soupir de leurs tombes dans les corridors du Vatican; Rome, avec ses grands ossuaires, ses ostensions et ses vénérations de reliques, les fragments de membres, les linges sanglants, les morceaux de Saints et de morts miraculeux; Rome, avec son atmosphère, l'odeur de l'encens au seuil des basiliques, l'air sans cesse ému par les appels des cloches lassant l'écho du ciel; Rome, avec ses images, son musée d'art pieux allant, des tableaux de main d'ange, aux paradis de Raphaël et aux enfers de Michel-Ange; Rome, avec ses portements publics d'eucharistie à domicile, son grand avertissement de la mort enterrée à visage découvert dans le sac commun de la confrérie; Rome, avec son peuple de prêtres et de moines habillés de la robe d'église qui traîne et descend jusqu'à l'enfant; Rome, avec sa populace de pauvres dont la bouche ne mendie qu'au nom de Jésus, de la Sainte-Vierge et des âmes du Purgatoire; — Rome enfin est le coin du monde où, selon le mot énergique d'un évêque, la Piété fermente comme la Nature sous les Tropiques.

Tout s'y rencontre pour vaincre et conquérir une

âme par l'obsession, la persécution, la conspiration naturelle des choses environnantes; tout y est rassemblé pour mettre un cœur près de la conversion, par la perpétuité, la succession ininterrompue des atteintes, des impressions, des sensations, et accomplir en lui à la fin ce fréquent miracle du pavé de la Ville éternelle, le miracle d'un chemin de Damas où les esprits les plus forts d'hommes ou de femmes, terrassés, tombent à genoux.

A ce moment, où madame Gervaisais se sentait touchée d'un commencement d'illumination, son passé à Rome, les premiers jours de son séjour lui revenaient. Sa mémoire semblait les lui éclairer d'un jour nouveau, lui en montrer le secret, le travail caché, persistant, continu, fait au fond d'elle à son insu, par le milieu de son existence. Elle se rappelait nettement à présent toutes sortes de petits événements, de riens journaliers qu'elle avait jugés, dans l'instant, sans action sur elle. Ses premières stations dans les églises, sa passion pour leurs marbres, elle commençait à reconnaître qu'elles avaient été comme une rencontre et une première liaison avec les douceurs religieuses. Elle retrouvait présente à son esprit, revivante à ses yeux cette visite à Saint-Pierre, où la main de son enfant lui avait fait lire, dans du soleil, les mots d'or : *Tu es Petrus, et super hanc petram...* Le Dimanche des Rameaux, le *Miserere* de la Chapelle Sixtine, elle s'en apercevait, avaient été en elle au delà de sa sensibilité de femme ; ils avaient continué au fond de son être l'œuvre de Rome. Elle suivait ainsi et se remémorait, détail à détail, circonstance par circonstance, comme pas à pas, ce mouvement inconscient qui l'avait jetée aux pieds de la Madone de Sant-Agostino, ce changement ignoré d'elle-même, qui, encore ombrageuse et résistante, sous le chêne de Castel-Gandolfo, à la parole rêvante de la comtesse Lomanossow, l'avait conduite au Gesù : et avec la disposition des personnes nouvelles dans la foi, elle était prête à voir dans la suite et la succession de ce qui lui était arrivé, une marque de prédestination, un appel particulier d'en haut.

LXI

Ainsi envahie, et avec la conscience de cet envahissement d'elle-même, le reconnaissant et s'en faisant l'aveu, elle fut prise, à la dernière heure, d'une espèce de révolte d'esprit, d'une honte d'orgueil se soulevant contre cet enlacement d'un milieu matériel, l'asservissement des sensations, la sourde possession de son être physique, sans que son intelligence y eût part. Elle voulut que ces mêmes facultés qui l'avaient faite philosophe la rendissent chrétienne, et que sa conversion fût tout entière l'œuvre de son cerveau.

Elle demanda à être sérieusement et profondément convaincue et persuadée. Alors elle se jeta à des études qui auraient usé la puissance de travail d'un homme. Interprètes de l'Ancien et du Nouveau Testament, apologistes, controversistes, elle parcourut des livres sans nombre, jusqu'aux plus secs, aux plus ardus, aux plus abstraits de la théologie, emplissant des extraits, des volumes de cahiers, tourmentée par la perplexité de sa destinée éternelle qui rejetait toujours son angoisse à la peine de nouvelles et plus studieuses recherches, où chaque jour pourtant elle s'approchait un peu plus de cette certitude qu'elle appelait, qu'elle implorait, qu'elle faisait naître, pour ainsi dire, de l'ardeur de son désir et de la secrète complaisance de ses efforts. Peu à peu, les objections, les répugnances de la logique humaine s'effaçaient chez la femme; l'improbabilité de certaines choses ne lui semblait plus aussi improbable; et à un certain moment, la phrase de Platon, « qu'il était nécessaire qu'un maître vînt du ciel pour instruire l'humanité », la préparait à admettre la révélation divine. Maintenant, quand elle revenait à la philosophie, les explications, les solutions qui l'avaient satisfaite sur l'origine, l'existence, la destination de la créature, n'étaient plus pour elle qu'hypothèses et conjectures. Et ainsi disputée entre la lassitude de douter et l'aspiration à croire, elle se relançait à la poursuite de la Vérité infinie.

Au milieu de ces travaux, un grand orateur écrivain avait une sensible influence sur elle. Dans sa parole imprimée, cette parole que le prédicateur craignait humblement de voir se sécher comme une feuille dans un livre, elle retrouvait l'accent chaud et vivant de la voix dont l'émotion avait rempli Notre-Dame aux jours du mouvement religieux de 1834. Elle y retrouvait cet apôtre de la jeunesse parlant à l'intelligence masculine et lettrée de la France : elle y entendait Lacordaire. Elle s'attachait à cette éloquence qui ne voulait pas imposer la foi, qui la proposait à la discussion, cherchait la conviction des esprits avec une sorte de respect et d'hommage à la dignité de la conscience. Elle était sympathiquement portée vers cette doctrine tournée au souffle du temps, exposée et prêchée pour des âmes du xixe siècle, élargis sant l'Église du passé aux besoins nouveaux du monde et de l'avenir. Elle était rassurée, satisfaite de recontrer chez le chrétien, disciple de Lamennais, l'ambition de rendre orthodoxe l'idée de son maître, l'alliance de la foi et de la raison, en essayant d'appuyer le catholicisme sur la science, de le baser sur l'histoire, d'apporter à la vérité céleste les preuves des plus grands faits de la terre, en remontant même au delà de Jésus-Christ, pour revendiquer la sagesse et la morale antiques, Confucius, Zoroastre, Pythagore, Platon, Aristote, Cicéron, Epictète, comme les ancêtres précurseurs et le patrimoine naturel du Christianisme. Elle était enfin à la fois surprise et consolée en trouvant l'homme dans le prêtre, un ami de ce que l'humanité aime, sensible à ce qu'elle honore, complice de ses généreuses passions : amitié, courage, honneur, liberté, patrie, gloire même ; l'homme et le citoyen qui déclarait hautement ne pas accepter une religion qui serait étrangère à ces grands biens, « une piété fondée sur les ruines du cœur et de la raison. »

Des mois se passèrent encore dans ces pénibles labeurs d'une foi cherchant sa lumière suprême, des mois mêlés de ténèbres et de clartés, sans le rayon vainqueur, l'illumination soudaine, — le *Fiat lux!*

L'heure en vint pourtant. Et madame Gervaisais, ce jour-là, sous l'éclair de la grâce, écrivait, sur le livre de ses résolutions, cet acte de foi, un acte d'amour :

« Premières lueurs du jour. Fête de sainte Agathe.

Amo Christum, amo quia amo, amo ut amem. — Saint Bernard. »

LXII

Quelques jours après, tenant son fils à la main, elle entrait dans la petite sacristie secrète, rigide, et où se tenaient, droits et roides contre les murs nus, ces prêtres à bonnet carré, doux de visage, longs dans leurs robes longues, le cou disciplinairement serré par leur collet noir de soldats de la foi, avec la silhouette de leur costume resté comme il était, immuable ainsi que l'Ordre, depuis les images du XVI° siècle.

Elle demandait le Père Giansanti.

LXIII

Dans l'église du Gesù, il y a un confessionnal, le second à droite, quand on entre par la porte de la *Via del Gesù*.

Il est sous la mosaïque de la chaire, pris et étranglé entre les deux appuis portés par des têtes d'anges, avec l'ombre de la chaire sur son bois brun, ses colonnettes, son fronton écussonné, le creux de sa nuit, se détachant tout sombre sur le marbre jaune des pilastres, sur le marbre blanc des soubassements. Il a deux marches sur les côtés pour les genoux de la pénitente; à hauteur d'appui, un petit carré en treillis de cuivre, au milieu duquel le souffle des bouches et l'haleine des péchés ont fait un rond sali et rouillé; plus haut, dans un pauvre cadre noir, une maigre image sous laquelle est imprimé : *Gesu muore in croce*, et dont le verre reçoit comme un reflet de sang du feu remuant d'une lampe pendue dans la chapelle à côté.

C'était le confessionnal où régulièrement, le mardi et le vendredi, le Père Giansanti recevait la confession de madame Gervaisais. Souvent elle y passait près de deux heures, deux heures pendant lesquelles, du confesseur secret, caché, ténébreux, invisible, enfoncé et disparu là, sans tête et sans visage, ne paraissait qu'une main qui tenait renversé le petit volet derrière lequel le Père écoutait masqué, — une main qui ne bougeait pas, une main grasse et pâle, sans fatigue et sans mouvement, une main impassible, coupée et clouée au bois, une main qui faisait peur à la fin comme une main morte et une main éternelle !

L'heure se passait, puis la demie : madame Gervaisais posait son front, qu'elle avait peine à porter, contre l'accotoir. Et l'enfant, qui, de la chapelle Saint-Ignace où sa mère l'avait agenouillé à prier, venait voir de temps en temps, voyait toujours cette main.

LXIV

Sa promenade habituelle était alors la Villa Borghèse. Faisant quitter à sa voiture les allées fréquentées, bruyantes du trot des calèches, elle s'enfonçait aux déserts du jardin, sous ces allées d'arbres de bronze qui s'arrachent de terre comme d'un nœud de chimères et de serpents, et qui courbent sur les têtes des promeneurs une voûte emmêlée, à l'aspect de végétations marines mangées de mousse : elle passait sous cette verdure vert-de-grisée, mêlant le poussiéreux de l'olivier à l'argenté du saule, sous la verdure du *leccio*, le chêne caractéristique de l'Italie, qu'aucun des peintres de son paysage n'a su peindre ni voir. Elle traversait les bois, sévères et religieux qu'il fait dans les fonds du parc, et où son feuillage, massant ses minceurs, serrée, sombre et sourd, se remplit d'une vapeur, d'une espèce de buée bleuâtre, d'un brouillard sacré, comme amassé dans la fraîcheur et le froid noir d'un *lucus*.

A l'ombre, sur l'herbe, çà et là, s'apercevait un chapeau ecclésiastique, une méditation qui dessinait une pose d'abbé dans une stalle de chœur. Un souffle de vent faisait s'envoler un bout d'écharpe monacale ; un rayon allumait le violet d'une *sottana* ou le rouge d'une ceinture ; et la solitude du bois répétait doucement l'écho du rire heureux et déjà sage de ces petits curés en miniature, de ces bandes d'enfants noirs, rouges, violets, bleus : l'enfance séminariste de Rome.

Par moments, une éclaircie montrait, vers la campagne, dans de la clarté, des horizons jeunes, grêles, légers, ainsi que des fonds de Raphaël, des bouquets de verdure, d'une maigreur ombrienne, à mettre derrière ses Nativités.

La calèche allait et revenait vingt fois par les mêmes allées. Pierre-Charles la suivait à pied, courant sur les côtés de la voiture et s'amusant à cueillir des cyclamens. Les gens près desquels il passait dans sa course, effleurés de sa beauté, le regardaient longtemps encore après qu'il était passé. Souvent de petits enfants s'arrêtaient brusquement, frappés par la séduction naturelle, instantanée, le coup de foudre de leur beau à eux dans un autre; et séduits, fascinés, ils marchaient quelques pas comme attirés par de la lumière; puis restaient devant lui, plantés à distance, charmés, dans une immobilité modeste et humble de petits pauvres honteux, ayant peur de demander l'aumône, attendant qu'il voulût bien les embrasser et n'osant commencer les premiers. Des petites filles étaient plus braves : elles allaient droit à lui, et tout à coup le soulevant, l'enlevant presque dans leurs bras, elles l'embrassaient comme si elles mordaient à un fruit, puis se sauvaient.

Madame Gervaisais eut, dans ces jardins de la villa Borghèse, des jours de printemps, — il était cette année-là chaud et pluvieux, — des jours de singulier bien-être, d'une espèce d'accablement suave, d'une détente qui la laissait un moment heureuse; des jours qui avaient la tiédeur d'un bain, avec des odeurs chaudes d'acacias et d'orangers, un ciel de poussière, un soleil qui ne paraissait plus qu'une lueur orange, un étouffement du bruit des cloches lointaines, un chant à petits cris et comme lassé des oiseaux, un air où une rayure, qu'on eût prise pour le vol d'un moucheron, était la chute d'une goutte d'eau qui tombait toutes les cinq minutes et ne mouillait pas.

Elle avait peine, par ces jours, à s'arracher à toutes ces molles exhalaisons de nature; et elle jetait, en partant, un dernier regard de regret en arrière au paysage, à la chaleur d'adieu du soleil qui mourait souvent là dans la page d'un bréviaire lu par un prêtre assis sur une marche du petit cirque.

LXV

La direction jésuite n'est point sévère, elle n'a pas la dureté que lui prête le préjugé populaire : elle est plutôt faite à l'image du gouvernement romain, de ce gouvernement généralement doux, un gouvernement d'indulgence presque paternelle et de facile absolution pour les fautes qui ne s'attaquent pas à son principe, qui ne touchent pas à l'essence de son autorité; mais aussi, comme le gouvernement papal, ce gouvernement est particulièrement policier, jaloux, craintif, soupçonneux des influences extérieures, cherchant à entourer ses pénitents et ses pénitentes de l'action de gens dévoués au Gesù, de l'action même de domestiques qui appartiennent au Gesù; travaillant éternellement et souterrainement, sans se lasser, à combattre tout ce qui peut être l'ennemi du Gesù dans la vie hors de l'Église, dans la maison, dans les liaisons mondaines et intimes du fidèle.

Déjà le père Giansanti avait fait beaucoup pour le refroidissement de madame Gervaisais avec l'ambassadeur de France. Son œuvre continuait contre M. Flamen de Gerbois, le gallican, qu'il savait hostile à sa société. Et graduellement, par la répétition d'insinuations, des germes d'inquiétudes jetées dans la conscience de madame Gervaisais sur le danger des visites d'un homme de si dangereux esprit, le jésuite la détachait et la désaffectionnait de l'amitié la plus haute, la plus libre et la plus dévouée qui lui restât. M. Flamen de Gerbois, fort de son intérêt pour madame Gervaisais et des droits de sa longue relation, combattait, luttait avec elle, la disputait au confesseur, essuyait, sans se décourager, les contradictions, les froideurs, les colères même de la femme qu'il venait toujours voir.

A la fin, elle lui fit fermer sa porte : il la força.

— Mais, monsieur, ma porte était défendue...

— C'est pour cela, madame... j'ai pensé que vous étiez souffrante, et que vous aviez besoin...

— Monsieur, quand une femme fait fermer sa porte, il n'y a qu'un homme bien mal élevé...

Et sans finir sa phrase, se retirant dans sa chambre, elle le laissa dans le petit salon, seul avec son fils.

M. Flamen de Gerbois, sans parole, alla à l'enfant sans voix, et lui mit tristement un baiser sur la figure.

Cependant, si durement renvoyé, il ne voulut pas encore abandonner la malheureuse femme, renoncer à en avoir des nouvelles; et, avec une compassion de tendresse délicate pour la solitude du pauvre enfant, sans distraction, sans camarades, il continua d'envoyer de temps en temps ses petites filles, douces enfants sans méchant rire, qui s'amusaient avec Pierre-Charles comme avec un égal et un frère, et lui faisaient passer une ou deux heures dans une joie de jeu et d'expansion. Un jour, pendant qu'elles étaient là, la mère appela son fils et lui dit :

— Va les embrasser... et mets-les à la porte.

L'enfant, tout embarrassé de la commission, continuait à jouer avec elles, quand tout à coup apparaissant :

— C'est très-bien, mesdemoiselles, vous êtes très-gentilles... Je vous ai assez vues, il faut vous en aller, — et elle poussa dehors les petites tout étonnées, honteuses, peureuses presque de voir si changée l'aimable madame autrefois si bonne pour elles.

Sous les défiances que son confesseur lui soufflait, parole à parole, contre ce qui l'approchait encore, sous cette suspicion qu'il faisait grandir en elle contre ceux qu'elle était habituée à aimer et à écouter, sous cette ombre et ces alarmes du confessionnal, cet esprit simple, ouvert et franc, se dénaturait. Des idées tortueuses, ombrageuses, des appréhensions ténébreuses se glissaient au fond de la femme. Elle se torturait à creuser le noir tourment des suppositions, des conjectures, des hypothèses, des jugements mauvais. Longuement empoisonnée d'une crainte de tout et de tous, elle se mettait en garde presque haineusement contre les personnes qui lui étaient le plus dévouées, contre

Honorine elle-même. Elle voulait se délier du monde brusquement et sans retour; mettre jusqu'à l'impolitesse entre elle et lui, pour mieux s'en séparer; et elle rompait avec ses dernières connaissances brutalement, presque grossièrement, elle dont les rapports avaient toujours été de si gracieuse dignité, cette madame Gervaisais qui, à Paris, avait montré un type de la femme distinguée, gardant dans la bourgeoisie les dernières bonnes manières féminines de la Restauration.

Bientôt vint le tour de la princesse Liverani. Honorine lui disant que madame était sortie, la princesse ne dit rien, mais lui montrant en souriant l'ombrelle de sa maîtresse restée dans l'antichambre, elle ne revint plus.

Sa répugnance augmentait à vivre avec des semblables : l'horreur des autres croissait en elle, arrivait à une sorte de sauvagerie insociable. Un aimable ménage s'était chargé de lui remettre les lettres d'une de ses intimes amies. Après avoir vu la jeune femme deux ou trois fois, elle dit à Honorine :

— Quand cette femme reviendra, vous la renverrez : elle *pense mal*... je ne peux plus la voir...

Et comme Honorine objectait :

— Mais, madame, c'est qu'il y a sa femme de

chambre qui ne connaît pas Rome, qui m'a fait promettre de la promener...

— Je vous défends de sortir avec elle...

— Mais, enfin, madame, songez donc... depuis le temps que je suis ici sans une âme de connaissance !

— Eh bien ! ne pouvez-vous pas faire comme moi ?... Est-ce que je vois quelqu'un, moi ?

LXVI

Au bout de l'avenue de la Villa Borghèse, au tournant de la montée, à cette porte de ruine et de verdure où les voitures passent sous l'arche d'un grand rosier blanc jetant sur deux colonnes le fronton de neige de ses fleurs, près d'un vieux cyprès gris de la poussière soulevée par la promenade, madame Gervaisais, en revenant, apercevait tous les jours, de sa calèche, deux chiens, deux caniches.

L'un, propre, savonné, frisé, avait la moitié du corps rasé et montrant un dos couleur de chair à taches de truffes, une houppe de poils épargnée aux jarrets, la queue rognée avec une mèche en soleil, le nez luisant noir, des moustaches en nageoires, un bout de langue entre deux petites dents pointues, une fine tête dans une grosse perruque, des yeux humains et larmoyants dans du rose, le regard presque aveuglé du chien d'aveugle. L'autre était crasseux, pouilleux, galeux, chassieux, une bête de la rue, peignée par le vent, lavée par la pluie. Tous deux se tenaient assis sur le derrière; mais le dernier était à trois pas de distance du premier.

Les deux chiens étaient fort connus à Rome. On appelait le premier *T'ho trovato*, du nom local des chiens perdus : « Je t'ai trouvé. » Quant à l'autre, on n'avait pas même pensé à lui donner un nom. *T'ho trovato* passait, dans la légende populaire, pour sortir le matin d'un palais. Il se rendait dans un café du Corso dont les garçons lui donnaient à déjeuner; puis il allait on ne savait où, et revenait accompagné de l'autre caniche crotté qui le suivait, attaché à sa trace, s'arrêtant où il s'arrêtait, flairant où il flairait, levant la patte où il avait levé la sienne, mais toujours à la distance respectueuse d'un honnête domestique de chien derrière son maître.

C'est ainsi qu'ils arrivaient ensemble régulièrement et ponctuellement à la villa Borghèse, où, prenant part au mouvement des voitures, ils se

mêlaient aux plaisirs et au spectacle du beau
monde. Parfois, cependant, on remarquait le retard
de *Trovato*. Il s'était aperçu ce jour-là que
son poil était repoussé et allait cacher avec sa laine
le ras de son dos : alors, de son propre mouvement,
il se présentait au vieux tondeur de chiens, qui
avait sa petite table à tondre dans le Forum
de Nerva : sautant sur l'établi, il s'offrait aux
ciseaux, et, sans qu'on eût besoin de l'attacher
avec une ficelle, ne bougeait plus. La tonte faite,
après une ablution de seaux d'eau, on pouvait le
voir, se ressuyant sur une de ces colonnes antiques
couchées à terre et frappées de la raie de soleil
rayant le bronze d'un canon énorme : il y trônait
avec une majesté bonasse, à côté d'une rangée de
petits chiens qui grelottaient, tout noyés, sur le
parapet du Forum. Une fois sec, il sautait de la
colonne, remerciait le tondeur par des jappements
pressés, furieux, comme enragés de n'être pas des
paroles, détalait dans une course folle, interrompue
par des tournoiements sur lui-même qui
tâchaient de regarder l'ouvrage du tondeur.

Et toujours, à la fin de la promenade, on retrouvait
les deux amis dans la même pose, à ce
même endroit, à la porte près du cyprès, lassés,
paresseux, guettant une voiture qui voulût bien

avoir pitié d'eux et les ramener. *Trovato* de temps en temps levait vers les personnes qui le regardaient sa patte droite en signe d'imploration, devant l'autre qui dans le lointain essayait humblement de répéter son geste. Et aussitôt qu'un signe était fait, tous deux d'un bond s'élançaient dans la voiture, *Trovato* dans l'intérieur avec les maîtres, son compagnon, sur le siége près du cocher; car le compagnon de *Trovato* avait naturellement le sentiment de l'inégalité des conditions.

La petite main de Pierre-Charles avait fait signe un jour aux deux chiens : *T'ho trovato* s'était dépêché de monter auprès de lui, tandis que l'autre allait se blottir entre les jambes de Giuseppe. Et depuis ce jour, dans ces retours que madame Gervaisais prolongeait par un bout de promenade sur le chemin du Poussin ou le long du Teverone, c'était, tout le temps, dans la voiture, des amitiés, des embrassades, une intimité où la lichade de *Trovato* se mêlait au baiser de Pierre-Charles. Pour le pauvre petit bonhomme auquel l'isolement et toutes les défiances nouvelles de sa mère défendaient la société de ses petits semblables, pour le petit concentré, obligé de s'amuser tout seul, sevré de ce plaisir même du jeune animal : le jeu; — ce chien bon, affectueux, caressant et joueur était un ami avec lequel il pouvait jouer, dépenser cette surabondance d'activité et de tendresse que l'enfant a besoin de répandre autour de lui et à sa hauteur, sur des enfants ou des êtres enfants.

Aussi, bientôt cette heure passée avec le caniche, et où le caniche était tout à lui, devint-elle le bonheur de Pierre-Charles, qu'il attendait dès le matin et qui lui remplissait sa journée.

Mais arriva un jour où, sur le signe de l'enfant, *Trovato* et son compagnon ne remuèrent pas : *Trovato* avait reconnu que la voiture de madame Gervaisais, tournant à la rue des Condotti, ne le ramenait pas assez loin dans le Corso; et comme il avait ses habitudes du soir non loin du palais de Venise, il s'était décidé à choisir désormais une calèche qu'il connaissait pour aller jusque-là.

Pierre-Charles étonné descendit pour le prendre dans ses bras : mais *Trovato* s'échappa en le bousculant. Pierre-Charles remonta près de sa mère, et à quelques pas il fondit en larmes.

LXVII

Dans le confessionnal du Gesù, une voix sans timbre et monotone, continuelle et basse, si basse qu'elle paraissait venir de quelqu'un d'éloigné, arrivait, de l'ombre, à madame Gervaisais.

— « ... Vous avez fait des fautes de votre passé une revue complète, une confession générale, une déclaration plus que suffisante, et toujours craignant de n'avoir pas fait une diligence satisfaisante, de n'avoir pas tout accusé, de n'avoir pas exprimé toutes les circonstances de vos péchés, votre conscience veut obstinément et sans cesse revenir à votre vie antérieure, et m'en vouloir redire et répéter la misérable histoire. Je ne trouve pas en vous la crainte humble, paisible et pleine de confiance, qui garde la vertu d'espérance, et avec la vertu d'espérance, le zèle, le courage, la force. Bien que vous soyez revenue à Dieu, il faut vous attendre à ce que le souvenir de vos erreurs ne laissera pas de vous crucifier longtemps, longtemps encore, mais à l'exemple de saint Paul, vous devez en profiter pour vous humilier sans vous troubler... Ah! ma sœur, je crains bien que votre âme ne soit attaquée de la maladie de la foi, la plus difficile à guérir, d'une maladie contre laquelle tout notre zèle, toute notre charité, tout notre amour sont quelquefois impuissants... »

Il poussa un profond soupir, se rapprocha un peu de sa pénitente, baissa encore plus secrètement la voix : — « De la maladie du *scrupule*, le plus grand obstacle apporté à la perfection, oui, à la perfection... Oh! ne vous y trompez pas, le scrupule n'est pas l'alarme d'une conscience délicate, qui porte à craindre et à éviter avec sollicitude le péché, mais la vaine appréhension mal fondée et pleine d'angoisse qui, avec un art diabolique, cherche et arrive à voir le péché là où il n'est pas. Le doute, lui, c'est la suspension de l'intelligence entre deux extrêmes qui offrent tous deux des raisons de probabilité ; le doute est raisonnable, tandis que le scrupule ne l'est pas et ne saurait jamais l'être, car s'il était raisonnable, il cesserait d'être scrupule... Vous me comprenez ? » — reprit-il avec un ton de douleur, — « je parle de cette disposition d'esprits opiniâtres qui, refusant de se livrer entièrement à l'arbitre qui dirige leur conscience, ne s'en rapportant pas à ce qu'il prescrit, ne mettant pas en lui leur confiance et leur tranquillité entières, s'agitent sous les pensées déraisonnables, les ombres de leurs imaginations, les suggestions, les fausses subtilités ; je parle de ces consciences qui ne veulent pas être conduites et régies, de ces consciences timorées, et qui, selon la remarque de Laurent Justinien, ne peuvent faire un pas sans craindre de pécher... Saint Bernard n'a-t-il pas dit : « La tribulation produit la pusillanimité, la pusillanimité le trouble, et le trouble enfante le désespoir » ? C'est alors que sous la tempête des affections turbulentes, ces âmes sentent s'étouffer en elles, comme sous un buisson d'épines, les aspirations divines, entrent dans les ténèbres, et à la fin, entraînées par une consternation intérieure, se précipitent dans l'abîme de la damnation, si... » — fit-il avec une suspension de quelques secondes, — « ... leur mal spirituel vient à s'accroître. Est-ce que dans cet état d'âme, que je viens, ma sœur, de vous exposer bien incomplètement, vous ne retrouvez pas beaucoup de vous-même ?

Et il se pencha sur la femme accablée de retrouver dans les paroles sourdes du prêtre toutes les souffrances morales qu'elle endurait.

Il poursuivit : — « Dites non, dites franchement non, si je me trompe... Dites, n'approchez-vous pas du sacrement de la pénitence, tourmentée de tous côtés par l'effroi de vos péchés passés? Dites, ne recevez-vous pas le pain des anges toute tremblante, et comme luttant contre les spectres de vos scrupules? Dites, recevez-vous jamais la plénitude des grâces que les divins sacrements confèrent aux âmes sereines et tranquilles? Et la parole divine, soit qu'elle vienne d'une bouche sacrée, d'un docteur de l'Église que vous lisez, soit qu'elle vienne de moi, votre Père spirituel, démentez-moi, si je me trompe, comment l'acceptez-vous? N'y mêlez-vous pas trop souvent la zizanie de vos raisonnements captieux qui la rendent infructueuse? Ah! vous voudriez me demander ce qu'il y a à faire pour vous guérir... Il faudrait, d'abord, abandonner le désir et l'orgueil d'une perfection que vous ne pouvez atteindre, du moins dans ce moment... Il faudrait... »

Mais brisant sa pensée, il se tut, réfléchit quelque temps, et d'un ton plus lent, plus appuyé, de l'accent profond d'un médecin des âmes qui voudrait graver une ordonnance dans un esprit malade, il reprit :

« — Dites-vous bien, je voudrais vous pénétrer de cette vérité, que la « scrupuleuse » n'a pas le *dictamen* de la conscience droite, que son esprit obscurci ne sait pas discerner avec justesse ce qu'il faut faire pour se conduire, qu'elle doit se comparer à une créature frappée tout à coup de cécité, qui pour parcourir la ville, pour circuler dans les voix terrestres de ce monde, serait forcée de prendre un guide lui indiquant où poser le pied, avec certitude qu'il lui faut pareillement dans les voies spirituelles où elle s'engage à tâtons et en aveugle, la main et la voix directrices de son directeur. Efforcez-vous donc... » — et il mit une note presque dure dans le bénin de sa parole inlassable et coulante — « .... efforcez-vous donc de corriger cette opiniâtreté de votre esprit... Prenez la résolution d'obéir fermement à votre Père spirituel, quels que soient les remords, la crainte et les appréhensions qui vous conseillent, apportez la docilité que saint Bernard prescrivait à un disciple tourmenté des mêmes scruples que vous... Et ne dites pas : Mon directeur n'est pas saint Bernard ; car, retenez-le bien, il faut obéir au directeur, non pas parce qu'il est un saint, mais parce qu'il tient la place de Dieu. Ce n'est pas sa sainteté qui nous assure que nous faisons la volonté du Seigneur en suivant ses avis, mais l'ordre exprès que Jésus-Christ nous donne d'obéir à ses ministres dans tout ce qu'ils nous commandent. Éloignez donc de votre cœur toute vaine crainte, et croyez que vos actions sont déjà justifiées aux yeux du Tout-Puissant. Croyez que quand vous vous présenterez devant le tribunal du souverain juge, vous pourrez lui dire : Seigneur, j'ai fait tel acte et omis tel autre pour obéir à ceux que vous avez chargé de me gouverner en votre nom. Et soyez sûre que le Juste Dieu ne condamnera pas votre conduite; car il ne peut se contredire lui-même ni punir les créatures quand elles remplissent, selon sa très-sainte volonté, les ordres des ministres auxquels il leur a prescrit d'obéir. Persuadez-vous donc... » — et le prêtre laissa tomber ici une note presque attendrie, — « qu'une âme ne peut pécher en agissant d'après les ordres et les lumières de son Père spirituel, puisque Jésus-Christ lui-même a dit aux directeurs dans la personne des apôtres : « Celui qui vous écoute m'écoute. »

Quelques minutes après, madame Gervaisais se levant du confessionnal, restait un moment indécise dans l'église sur le chemin qu'elle avait à prendre pour sortir. Elle reprenait son fils d'un mouvement irréfléchi, avec cet air écrasé et ces yeux perdus des personnes qu'on voit aller le front plein de pensées qui s'y battent.

LXVIII

C'est ainsi qu'à la suite de ces confessions, la misérable femme revenait presque hébétée sous les contradictions. Après avoir tiré si longtemps de son esprit sa conduite morale, n'ayant jamais obéi qu'à sa raison, le supplice était affreux pour elle d'être ainsi tiraillée entre la soumission et le reste des habitudes de sa conscience, déchirée d'indécisions, passant d'un instant de révolte à une humilité plus docile, se vouant à tout ce que le Père Giansanti exigeait d'elle, par lassitude, parfois sans conviction.

Son imagination, inexorablement tourmentée et travaillée, devenait sans repos sous les impressions des variations contraires, le trouble des obscurités, les secousses d'une tourmente qui, à tout moment, la bouleversait, une de ces confusions et de ces étourdissements d'une piété aveuglée qui méconnaît Celui qu'elle cherche, le voit sans le voir, passe à côté de lui sans être plus consolée que la pécheresse de l'Évangile quand elle rencontre Jésus et le prend pour le jardinier.

Elle arrivait ainsi à un état de détresse; elle jugeait

que sa foi, son espérance, sa charité, n'étaient plus que des apparences trompeuses de ces vertus détachées d'elle et ayant cessé d'être, comme le veut un saint, « les domestiques de son âme ». La désolation descendait dans sa tristesse, et de cette tristesse elle faisait une cruelle comparaison avec la bonne tristesse de la vraie pénitence, humble, affable, qui n'engourdit point l'esprit, qui ne décourage pas le cœur, et lui donne au fort de ses amertumes, l'incomparable consolation.

LXIX

La solitude que madame Gervaisais trouvait dans les allées écartées de la Villa Borghèse ne lui suffisait plus. Elle voulait éviter jusqu'à la vue du monde, ses rencontres, ses connaissances. Le contact de la vie des autres était devenu blessant pour ses pensées endolories, ses souffrances avivées, et elle s'enfonçait chaque jour dans un goût plus sauvage d'isolement et d'éloignement des vivants. Elle se faisait maintenant promener aux extrémités de la ville immense, entre ces remparts de grands jardins, de vignes et d'anciens *casins* de Cardinaux, percés de jours à croisillons autour de ces basiliques lointaines et égarées au vide des faubourgs, sur des places où sèchent aux arbres les haillons laineux de la misère romaine, le long de ces grands bouts de rue qui vont toujours sans finir, et dont la bâtisse s'ouvre tout à coup sur un champ, des tertres de folle avoine, des coins incultes et perdus où grimpent sur des ruines de Thermes, des pruniers et des chèvres, sans que rien n'y avertisse plus de la Cité sainte qu'une coupole dans le ciel. Elle se faisait traîner des heures entières par des routes abandonnées et toutes bordées d'orties, au milieu d'une campagne que les murs l'empêchaient de voir, de tristes murs de terre et de fagots liés avec des roseaux secs. Là, dans l'ombre maigre d'un des murs, presque oublieuse de son fils comme disparu d'à côté d'elle, dans sa pose d'enfant ennuyé de toujours regarder en l'air, glissé sur les coussins et asssis presque sur les reins, — elle s'abandonnait à elle-même sans distraction, sans parole, sans mouvement. Ses idées, par moments, amenaient sur l'expression de sa figure une douleur, une souffrance bientôt éteinte dans une somnolence coupée de tressaillements nerveux, que continuait à promener le pas lent des chevaux de louage par le chemin sans horizon.

LXX

Madame Gervaisais se confessait alors quatre fois par semaine, et communiait tous les dimanches.

Et ses confessions, pour être si rapprochées, si fréquentes, n'en étaient pas plus courtes. Elles semblaient sans fin à Pierre-Charles qu'elle emmenait toujours avec elle, qu'elle y traînait, qu'elle avait voulu un moment faire confesser, sans pitié pour ses sept ans et pour sa pauvre petite raison. Une fois, avec un geste de violence, on l'avait vue dans l'église, saisir son fils et l'entraîner au confessionnal, n'écoutant ni ses larmes, ni ses gestes, ni sa voix, sourde à la vague terreur de l'innocent, à ce qu'il ânonnait, balbutiait, comme il pouvait, pour exprimer qu'il ne savait pas ce qu'il fallait dire : « — Eh bien ! tu diras ce que font les domestiques... » Et elle le poussa dans le dos à genoux sur les marches de bois. Mais le Père Giansanti fut obligé de renoncer lui-même à interroger et à entendre cette âme infirme.

Sa mère se décida à le laisser dans l'église, sur une chaise où elle l'asseyait, devant l'autel de Saint

Ignace, en lui recommandant d'être bien sage et de prier le bon Dieu jusqu'à ce qu'elle vînt le reprendre. Pourtant elle n'avait pas la cruauté de le gronder, lorsque, las de cet ennui sur place, accablé de la pénitence immobile, elle le trouvait vaguant et musant de chapelle en chapelle, parfois même aventuré sur la porte et regardant la rue où l'enfant, auquel l'homme noir prenait sa mère, l'enfant seul au monde comme jamais enfant n'y fut seul, cherchait d'un œil avide et furtif un mendiant de son âge, ayant pour domicile les marches de la porte latérale du Gesù.

C'était un petit teigneux à la tête rasée, au crâne bleuâtre. Un fragment de relique dans un sachet d'étoffe était attaché à son cou avec un bout de corde. Il flottait dans un reste de chemise d'une toile à treillis, du noir d'un sac à charbon, et dont les manches, à partir des coudes, pendillaient en pelures. Sa culotte lui descendait à peine aux genoux, une culotte de morceaux rajustés à un fond avec le gros fil et le naïf rapiéçage du pays. Cette culotte tenait à peu près attachée à deux lisières de feutre : l'une qui avait sauté pendait devant, tandis que l'autre lui remontait son pantalon dans le dos jusqu'à l'omoplate. Le cou, la poitrine, un peu des reins, du ventre et du reste, passaient, avec des morceaux de peau brûlés, de la chair de Ribera entre les mailles d'une loque. Ses pieds étaient chaussés de boue sèche.

Ainsi, presque nu sous ses haillons, habillé de trous autour desquels il y avait, par pudeur, un peu de quelque chose, l'affreux et sordide gamin avait le rayon du soleil, de la santé, de la liberté, un éclair ardent de vie animale. Un rire large et blanc lui venait quand Pierre-Charles lui donnait son baioque d'habitude. Pour le remercier, il s'amusait avec lui, lui apprenait à lancer au loin un sou avec une double ficelle nouée autour des deux jambes. Et pour le triste et lamentable petit riche, c'était le meilleur de son existence que ces rencontres avec ce misérable camarade, si heureux en comparaison de lui.

LXXI

— Honorine vous a surpris me volant, — dit madame Gervaisais à Peppe, — et ce n'est pas la première fois...

Giuseppe se mit à rire, et reprit presque aussitôt son impassibilité de gravité sombre.

— Je vous renvoie, et vous allez quitter la maison à l'instant...

Giuseppe se redressa dans un mouvement de citoyen romain, sa bouche s'enfla pour une injure théâtrale qu'il ne dit pas. Puis il cligna de l'œil, salua, et sortit.

Honorine resta un peu étonnée de l'exécution ainsi faite par sa maîtresse qui lui avait paru aimer le service de Giuseppe. Et en effet madame Gervaisais appréciait en lui cette espèce d'intelligence *sauvageonne* des races méridionales; vingt fois elle avait laissé échapper devant Honorine, qu'elle aimait encore mieux être volée par lui que mal servie par un allemand ou un suisse. La femme de chambre ne s'expliqua ce renvoi qu'en le rapprochant d'autres économies toutes nouvelles de madame qui semblait, depuis quelque temps, vouloir rétrécir et resserrer le train de son intérieur dans les plus petits détails.

Le lendemain matin, Giuseppe sonnait, entrait de force, malgré Honorine, se posait devant madame Gervaisais, lui disait ces deux seuls mots :

— *Sono pentito*, je suis repentant... — Et il attendait, immobile.

— Je ne reprends jamais un domestique que j'ai renvoyé.

— Eh bien! alors que madame me donne quelque chose...

— Comment? est-ce que je ne vous ai pas payé?... Pourquoi vous donnerais-je quelque chose?

Un sourire fin passa sur le masque tragique du domestique : — Et pourquoi pas? Quand je serais le Diable, madame me ferait bien la charité...

Le renvoi de son domestique, le manque d'un homme pour l'accompagner dans ses promenades solitaires, lointaines, amenait madame Gervaisais à quitter sa voiture; elle cessait son abonnement chez le loueur, et demeurait enfermée chez elle tout le temps qu'elle ne passait pas à l'église, devenue son autre logis, sa vraie maison.

LXXII

Au milieu de sa retraite, elle se laissait décider par les prières instantes de son vieil ami Schnetz à reparaître un dimanche aux réceptions de l'Académie. Elle avait d'ailleurs pitié de son fils : elle se rappelait le plaisir que l'enfant prenait autrefois là pendant toute la soirée, assis, sans remuer, une jambe pendante, sur un grand fauteuil, sous la tenture des tapisseries de de Troy, écoutant, avec une attention enivrée, la musique au piano, le chant des amateurs et des artistes.

Chassée du grand salon par la chaleur, madame Gervaisais était allée respirer à une fenêtre de la salle à manger où se préparait le thé, et presque seule dans la pièce, elle regardait de là le jardin de la villa, la grande masse immobile, la grande ombre qui n'était pourtant pas noire, le bois bordé et ligné par le sable des allées et où des Termes blanchissaient çà et là, les arbres enveloppés de l'atmosphère lactée, de ce beau sommeil nocturne qui garde son dessin à la nature en le baignant seulement d'une douceur, d'un bleu de ténèbres déchirées par le vol de feu des lucioles.

Tout dormait, et tout vivait; et c'était un recueillement de repos, un infini de paix, d'où montait une molle poésie pénétrante et presque sensuelle, quand tout d'un coup, du creux de l'ombre, jaillit et s'éleva, comme de la fête de l'heure et du cœur du bois, une voix, un chant d'oiseau, la musique d'un rossignol amoureux jetant la note passionnée qu'il ne jette que dans la félicité limpide de ces nuits d'été de Rome!

Près de madame Gervaisais, à ce moment, arriva un bel Italien, un chanteur, un ténor échauffé, animé des bravos et du succès de son air, gonflé, respirant à pleine poitrine, s'éventant de son mouchoir. Il s'accouda à la fenêtre où elle était, lui frôlant presque le bras, et avec la familiarité de l'acteur et du musicien, la figure retournée vers elle, il lui lança, comme à une personne de connaissance, l'admiration de la nuit et du bois. Il ne l'avait qu'involontairement touchée, si peu qu'elle ne s'en était pas aperçue; il ne lui avait pas adressé la parole, et cependant madame Gervaisais se retira brusquement avec le mouvement d'une femme à demi insultée, enleva son fils au milieu d'un morceau, et disparut.

Elle avait eu comme l'hallucination d'une déclaration d'amour, d'une offense approchée d'elle. Cette idée s'enfonçait et germait en elle, sans que rien pût expliquer ces singulières alarmes de l'honnêteté et de la conscience chez une femme d'une si entière pureté, d'un si austère veuvage de pensée même. A partir de cette soirée, elle se figura, pendant longtemps, répandre autour d'elle un appétit de volupté, attacher la tentation à tous ceux qui la regardaient, provoquer leurs désirs, attaquer, sans le vouloir, leurs sens, mettre en eux, par la vue de sa beauté, toute effacée et passée qu'elle la croyait, la passion impure. Elle se sauvait, presque honteuse, devant les hommes qui la fixaient, les désignant, les signalant aux personnes avec lesquelles elle se trouvait ; car c'était presque devenu une monomanie chez elle.

Le supplice de cette illusion achevait de la décider à ne plus se montrer au monde, et elle se mettait à vivre plus étroitement chez elle, dans une sorte de fermeture cloîtrée.

LXXII

— « Oh! nous autres... — disaient naïvement les deux romaines un jour que madame Gervaisais causait avec elles et avait amené la conversation sur la direction et les confesseurs du pays, — il ne faut pas qu'on nous en demande trop, à nous... »

Le mot éclaira madame Gervaisais sur ce qui ne la satisfaisait plus, ne la contentait plus dans la direction du père Giansanti. Ce n'était pas la soumission, l'espèce de servitude que son confesseur exigeait d'elle qui la blessait à présent. Son orgueil, à ce moment, elle était bien près de l'avoir entièrement dépouillé ; elle avait fini par se réduire, comprimer ces derniers mouvements secrets qu'un reste d'estime de sa raison et de son intelligence lui faisait prendre quelquefois encore pour des principes de conduite. A force de puiser l'humilité de la dévotion aux livres ascétiques, de s'en appliquer les expressions, à force de s'entendre répéter, par ces pages qui semblaient lui parler, qu'elle méritait les mépris et les abjections, qu'elle ne pouvait être assez persécutée, contredite, rebutée, ravalée, qu'elle était digne d'horreur, de damnation, d'anathème, d'exécration, — elle touchait au bout de l'abaissement et de la diminution de sa personnalité, et elle n'était plus, selon la comparaison d'un habile manieur d'âmes, que la « languette de la balance », l'instrument docile et obéissant sous le poids de tout ce qu'on lui fait porter.

Ce qui lui manquait et lui faisait défaut, c'était une absence d'aliment à des appétits nouveaux, et tout à coup irrités en elle : un goût lui était venu, un désir de rigueur, d'âpreté, de sévérité, de pénitences rudes. Le confesseur *di manica larga*, à l'absolution coulante et facile, suffisant pour la routinière dévotion traditionnelle du pays, ne lui suffisait pas. Il lui fallait, à elle, le prêtre qui en demande trop. Avec sa nature, ses secrètes chaleurs d'amour, si peu dépensées dans sa vie, cette femme de sentiments extrêmes avait vu en imagination, dans la religion, un dur sacrifice, un martyre en détail, une grande occasion d'héroïsme contre elle-même. Elle ambitionnait d'y trouver la privation, l'immolation, une sorte de sainte torture journalière. Elle avait souvent à la mémoire le tableau fait par Saint Jean Climaque d'une prison de pénitents; et à ce souvenir rapproché de cette indulgente direction, elle éprouvait un certain désappointement de ce commode salut, ne dérangeant pas sa façon de vivre, n'y apportant pas la révolution d'un bouleversement inconnu et rêvé. Ce n'était nullement là l'idéal agité qu'elle s'était fait du service de Dieu. Si elle n'était pas encore tentée de la grossière mortification corporelle, si elle était encore gardée de la tentation d'une souffrance charnelle par une dernière pudeur de son bon sens, elle voulait souffrir moralement et y être aidée et encouragée. Sincère et bizarre aspiration de cette pauvre femme inquiète, en peine de tourment, malheureuse d'une discipline charitable et humaine, presque humiliée de la miséricordieuse compassion du Jésuite pour les faiblesses de sa santé, blessée par le ton de plaisanterie légère avec lequel le prêtre humain essayait d'arrêter les exagérations de son zèle et la fièvre de ses contritions, elle ne lui pardonnait pas de se montrer si pardonnant à ses péchés, à ce passé détesté dont elle s'accusait toujours. Aussi se refroidissait-elle insensiblement pour lui, et le Père Giansanti ne trouvait plus chez sa pénitente la même ouverture.

LXXIV

Elle cherchait à se renseigner, essayant de se mettre sur la trace d'un sévère pénitencier, dans cette Rome au débonnaire catholicisme.

Elle fut au moment d'aller demander un confesseur du Capitole, un de ceux-là qui confessent les prisonniers et les malfaiteurs, et sur lesquels le Commandeur Ennius Visconti lui avait conté un soir, en un coin de salon, une espèce de roman noir qui lui avait fait travailler la tête.

Mais elle reculait devant le bruit d'un tel choix parmi le monde romain et la colonie française. Et elle hésitait, indécise, entre les deux Ordres des Capucins et des Trinitaires déchaussés, voués exclusivement à conduire les grossières consciences du peuple, et qui passent pour avoir conservé le mieux les vertus austères des moines pauvres.

Elle demeurait quelques mois ainsi perplexe, et finissait par se laisser attirer au renom de sainteté et de rigueur d'un homme qui venait de restaurer le vieil Ordre des Trinitaires.

LXXV

Une règle d'une extrême rigueur que celle des *Trinitaires déchaussés*. Dans le principe, ils ne pouvaient manger ni chair ni poisson. En voyage, ils ne pouvaient se servir de chevaux : l'humble monture des ânes leur était seule permise, d'où le surnom familier et populaire de « Frères des ânes » par lequel ils sont désignés dans un document daté de Fontainebleau en l'an 1330. Leur ancien habit, qui les vêt encore, consiste en une tunique à manches de grosse laine blanche, avec le scapulaire sur lequel est cousue, correspondant à la poitrine, une croix rouge et bleue. Ils marchent déchaussés, n'ont que des sandales, ne portent pas de chapeau. Hors du couvent, ils endossent la cape de laine noire à capuchon qui leur va jusqu'aux genoux et dont la partie gauche porte, sur le cœur, une autre croix rouge et bleue. Ils ceignent la tunique avec une ceinture de cuir, usant la laine à cru sur la chair nue.

L'auteur de leur ordre est ce bienheureux Jean de Matha qui, lors de la célébration de sa première messe, fit descendre sur l'autel, au moment de l'élévation de l'hostie, étant présents les abbés de Saint-Victor et de Sainte-Geneviève, un ange resplendissant, les bras en croix et étendus sur la tête de deux esclaves, l'un blanc et chrétien, l'autre noir et infidèle ; vision qui lui révélait les volontés célestes, sa mission, l'appel que Dieu lui faisait pour la généreuse œuvre de la rédemption des esclaves sans nombre gémissant aux côtes et aux terres africaines de la Barbarie et de la Mauritanie. Le 28 janvier 1198, jour de la fête de sainte Agnès, à une nouvelle messe célébrée par Jean de Matha dans la basilique de Saint-Jean-de-Latran, le Pape Innocent III, au milieu de ses Cardinaux, ayant été témoin d'une nouvelle apparition de l'ange au vêtement blanc, à la croix rouge et bleue, revêtait Jean de Matha d'une tunique blanche et croisée, semblable à celle de l'ange, et instituait l'Ordre nouveau sous le nom de « l'Ordre de la Trinité pour la Rédemption *degli schiavi* ». L'Ordre ainsi établi et approuvé, Jean de Matha obtenait de Gualterius, seigneur de Châtillon, près La Ferté-Milon, la concession du lieu où s'était passée sa retraite avant son voyage à Rome; il y fondait le couvent de Cerfroy, qui devint chef de l'Ordre et la grande maison d'éducation des princes du temps; puis, jetant son aventureuse vie aux trajets d'outre-mer, il la consacrait jusqu'au bout à racheter des esclaves en Tunisie.

L'Ordre prospérait vite. Au XIV° siècle, il s'était déjà répandu en sept cent soixante-huit couvents, qui formaient trente-quatre Provinces. A la fin du XVII° siècle, il comptait encore deux cent cinquante couvents, divisés en treize Provinces, dont six de France : France, Normandie, Picardie et Flandres, Champagne, Provence; trois d'Espagne : Nouvelle Castille, Vieille Castille, Aragon; une d'Italie, une de Portugal. Mais la Province d'Angleterre, qui comptait quarante-trois maisons, la Province d'Écosse, qui en comptait neuf, la Province d'Irlande, qui en comptait cinquante-deux, avaient été ruinées par les hérétiques, ainsi que celles de Saxe, de Hongrie, de Bohême; et aux ravages des hommes s'étaient jointes les dépopulations des pestes : une seule, d'un seul souffle, enleva à l'Ordre cinq mille religieux et ferma les portes de beaucoup de leurs maisons.

Cependant ce grand Ordre, un moment si largement étalé sur l'Europe chrétienne, peu à peu déchiré par les dissensions intestines, diminué par la lente décadence fatale de toutes les institutions monastiques, ruiné même par la ruine des puissances barbaresques qui faisaient une lettre morte de son esprit et de sa mission ; l'Ordre, réduit au néant d'un Ordre sans but, se mourait obscurément, lorsque, dans le couvent de Saint-Chrysogone, concédé alors aux Trinitaires depuis cinq ans par le Pape Pie IX, un Trinitaire, en contemplation devant le tableau de l'église figurant le miracle opéré par le bienheureux fondateur, s'écria tout haut : « Maintenant que la rapine turque a cessé, maintenant que les Fils de Jean de Matha n'ont plus à racheter les chrétiens blancs sur lesquels l'ange du Seigneur étend sa droite, les temps sont venus d'accomplir l'autre partie de la mystique apparition, et notre Ordre doit s'appliquer au rachat des nègres infidèles représentés dans le Maure qui a sur la tête la main gauche de l'ange. » Ces paroles étaient acceptées, par tout le couvent, comme des paroles venant d'en haut, une inspiration du Patron céleste de l'Ordre.

Elles étaient dites d'ailleurs à l'heure où l'idée en flottait dans l'air, où une œuvre de rachat des femmes et des jeunes gens noirs s'organisait à Nîmes sous le titre de « l'Afrique centrale ». Elles concordaient avec les tentatives isolées et courageuses du prêtre de Gênes, Olivieri, pour amener à la communion chrétienne les jeunes filles noires de l'Égypte.

Au printemps même de cette année 1853, dans la réunion générale de l'Ordre tenue au couvent de Saint-Chrysogone, le religieux promoteur de l'idée, le Père Sibilla, exposait l'excellence de l'œuvre du prêtre Olivieri et proposait d'agréger cette œuvre de magnifique avenir à l'Ordre des Trinitaires, afin de lui donner un développement et une perpétuité qu'on ne pouvait espérer d'un seul homme. La proposition du Père Sibilla était acceptée à l'unanimité; il était nommé coadjuteur de l'abbé Olivieri, et après plusieurs voyages en Afrique, de retour à Rome, il se préparait à une grande campagne de rédemption au centre de ce pays.

Ce prêtre, que Rome regardait comme un saint et qu'entourait d'un prestige religieux la légende et le miracle des périls auxquels il avait échappé, madame Gervaisais eut l'ambition de l'avoir pour directeur.

LXXVI

Ce n'était pas d'ailleurs la première fois que des fantaisies de pénitentes s'étaient tournées vers le Père Sibilla. Avant madame Gervaisais, d'autres imaginations de femmes, séduites par le romanesque pieux que la dévote se crée dans la religion, avaient cru trouver, auprès de cet homme héroïque et de foi âpre et militante, leur vrai guide, l'homme unique de leur salut. Elles avaient sollicité, mendié sa direction : il les avait refusées. Il refusa, comme les autres, madame Gervaisais.

Cette besogne délicate du confessionnal, la confession de la femme, le maniement fin et léger des âmes fragiles de grandes dames, le gouvernement petit et mince de ces consciences mondaines, subtiles et savantes, n'était, il en avait conscience, ni son affaire, ni sa vocation. Le Calabrais qu'il était, resté Calabrais à Rome, soldat avant d'être moine, et dont le cerveau remuait en ce moment même de vastes projets, des plans de conversion qui ressemblaient encore pour lui à de la guerre, l'apôtre désireux des dangers et se sentant le trop-plein du sang des martyrs dans les veines, ne pouvait avoir que de la répugnance, presque du dédain pour cette paresseuse et molle occupation du sacerdoce assis : la direction de la femme, dont tout éloignait ce prêtre bronzé d'abord à des expéditions de brigands, plus tard missionnaire à travers les peuplades sauvages, et qui avait l'air d'avoir pris, dans son apostolat chez les noirs, sous le ciel féroce de l'Afrique, un peu de la dureté d'un négrier.

Mais le refus net, presque impoli du Père Sibilla, ne faisait qu'exaspérer le désir de madame Gervaisais, et elle parvenait à obtenir, par la puissante influence en cour papale de la femme d'un ministre étranger, une recommandation du Saint-Père qui triomphait de la résistance du Père Sibilla.

LXXVII

Dans la direction du Père Sibilla, madame Gervaisais trouva une brutalité pareille à celle de ces grands chirurgiens restés peuple, humainement doux avec leurs malades d'hôpital, mais durs aux gens du monde, à ceux qu'ils ne sentent pas leurs pareils et qui leur apportent la gêne d'une éducation, d'une supériorité.

Le Trinitaire eut pour cette âme rare, distinguée, de délicate aristocratie, des attouchements brusques, des rudesses intentionnelles, des duretés voulues ; il la mania, la tâta, la retourna, la maltraita avec une sorte de colère, une impitoyabilité presque jalouse, prenant à tâche de l'abaisser, de la ravaler à l'avilissement et à l'amertume, jetant le découragement, le mépris, le dégoût à ses actions, à ses efforts, à sa bonne volonté, lui parlant comme à un être de cendre et de poussière, descendant à elle comme à la plus misérable des pécheresses. A tout moment, il se donnait le plaisir de rompre et de briser ses résolutions, la forçait presque à chaque confession de renoncer aux habitudes, aux liaisons qu'elle avait contractées avec certaines dilections saintes et spirituelles, exigeait d'elle qu'elle fît violence à ses plus légitimes désirs, qu'elle se privât des satisfactions et des jouissances permises. Il lui prescrivait ce qui répugnait à sa raison, ce qui était pénible à ses goûts, la pliait aux contrariétés et aux exigences tyranniques, aux ordres et aux caprices d'une toute-puissance supérieure, en la tenant sans trêve, sans arrêt, sous la plus tourmentante mortification. Et à ce supplice, il mettait un art étudié, le raffinement de l'expérience du prêtre ajoutée à une cruauté native. Ce bourreau de lui-même, qui avait eu à lutter avec les passions, le sang de son pays, et qui avait tué sous lui, par une véritable torture, ses appétits violents, était naturellement devenu un bourreau moral pour les autres, pour cette femme.

Et pourtant c'était par là qu'il attachait à lui sa pénitente. A se voir ainsi traitée, ainsi brutalisée, à entendre cette voix qui ne lui disait jamais rien de doux ni de consolant, à se tenir sous cet œil où il y avait de l'aigle et du loup, à s'approcher de cette oreille jaune de bile contre laquelle s'implantait le crin d'une dure barbe, à subir dans ce confessionnal, les querelles, les scènes, les dédains, les emportements, madame Gervaisais éprouvait comme un redoublement d'obéissance passive et de soumission. La sévérité, l'épouvante du représentant inexorable de Dieu, semblaient la pousser à un élancement ressemblant presque à une adoration tremblante et battue. Et il y avait encore dans la barbarie de cette direction, mettant sur ce directeur une espèce de terrible couronne, une illusion pour madame Gervaisais, un grandissement redoutable qui lui cachait l'étroitesse et la petitesse de l'homme.

LXXVIII

Mais dans sa pénitente, ce que le père Sibilla s'acharna surtout à opprimer, ce fut la pensée. Si soumise, si abaissée que cette pensée lui parût, il la jugeait encore à craindre, et il y poursuivait le dernier orgueil humain qui restait à madame Gervaisais. Tout esclave qu'elle fût, toute maîtrisée qu'elle se montrât sous sa direction, il percevait chez elle, à des profondeurs secrètes, des mouvements hors de la volonté en Dieu de son directeur, mouvements courts et craintifs, qui n'osaient aboutir, mais qu'il sentait qu'elle refoulait.

Ce fut alors que, pour finir d'abattre la *superbe* de cette intelligence, il commença à l'arracher à la grandeur, à la noble spiritualité de ses conceptions religieuses; et la jeta à la règle abêtissante des pauvres d'esprit, la terrifiant de l'évocation continuelle, menaçante, du monstre de sa vanité, lui défendant toute hauteur de foi, l'assourdissant des textes sacrés qui redisent que « la science enfle » et que « tout le savoir du Chrétien ne doit être que Jésus-Christ crucifié », lui citant saint Paul qui proscrit les sentiments tendus aux choses élevées, aux choses singulières, redoutables ainsi que des piéges, lui prêchant avec l'*Imitation* la détestation chrétienne de la connaissance et de l'étude, suppliciant enfin, avec une haine opiniâtre et un zèle de fiel, dans cette femme supérieure, ce que l'Église appelle « l'ambition et la curiosité d'une âme », y éteignant la lumière et le raisonnement, essayant enfin de ne plus laisser à ce cerveau, dans une refonte sacrée et impie, que la crédulité ignorante et les puériles superstitions.

Il ne lui permit plus les livres religieux, les livres de grande haleine et d'aspiration large, les livres qui avaient parlé à madame Gervaisais, lui avaient apporté sa conversion. Il lui retrancha ses maîtres de la vie spirituelle, il la priva même, pour la mieux affamer, pour la mieux appauvrir, et faire plus dure sa privation, de la lecture des livres saints parmi les plus saints. Madame Gervaisais avait pris, dans les instructions d'un apôtre contemporain, une méthode d'exercices religieux qui consistait à lire tous les jours un chapitre de l'Ancien Testament en commençant par le premier chapitre de la Genèse, et un chapitre du Nouveau Testament en commençant par le premier chapitre de saint Mathieu. Elle apprenait aussi par cœur les psaumes dans l'Ancien

Testament, les épîtres de saint Paul dans le Nouveau. Le Père Sibilla lui retrancha ces exercices, les remplaçant par des invocations, des oraisons, des prosternements, des agenouillements d'une demi-heure, toute une basse et mécanique pratique, un entraînement de piété matériel et physique.

Il lui fit faire à pied la longue promenade pieuse, dite à Rome *la Visite des sept églises*, sans compter les chapelles : Saint-Paul-hors-les-murs, Saint-Pierre, Saint-Paul, la *Croix des Prés*, Saint-Sébastien, Saint-Jean-de-Latran, *Domine quo vadis*, Sainte-Croix, Saint-Laurent-hors-les-murs, Sainte-Marie-Majeure, — avec toutes les stations, les cantiques, les commémorations des déplacements de la vie de Jésus sur les chemins des Basiliques et à la bifurcation des routes, les récitations infinies du « chapelet de Notre-Seigneur », les litanies de la Sainte Vierge, les prières, les hymnes, les actions de grâces prescrites par l'inventeur du pèlerinage, saint Philippe de Néri, qui reçut, étant en prière aux Catacombes, un globe de feu divin lui ayant dilaté tellement le cœur que deux côtes lui en restèrent brisées pour le reste de sa vie. De ses anciens livres, il ne lui laissa guère que l'*Imitation*, remplaçant tous ceux auxquels il lui ordonnait de se fermer par les plus misérables imprimés de la dévotion italienne. Les « Échelles à l'amour divin », les brochures timbrées d'un fleuron où se voit l'athéisme, sous la figure d'une harpie à mamelles, se perçant de ses poignards, les guide-âne du Salut, les histoires d'interventions visibles de Dieu et du diable qui fatiguent le miracle à descendre sur la terre ; — c'était cela seulement dont il lui commandait de se nourrir, comme s'il voulait mortifier et ravaler cette foi savante et hautaine jusqu'à l'enfance des contes saints à l'usage des enfants et du peuple enfant de Rome.

Lien inexplicable, mais qui se resserrait chaque jour entre la femme et le directeur. Au bout de quelques mois, pour être plus près de sa parole, pour la posséder plus fréquemment, madame Gervaisais se décidait à quitter son appartement de la place d'Espagne, et venait habiter le quartier de son confesseur.

LXXIX

Un quartier sauvagement populacier, rejeté, isolé sur la rive droite du Tibre, le quartier ouvrier de la manufacture des tabacs, des fabriques de bougies et de cierges pour les centaines d'églises de la ville ; le faubourg lointain, perdu, arriéré, qui garde le vieux sang de Rome dans ces mains d'hommes promptes au couteau, dans ces lignes graves de la beauté de ses femmes ; cette espèce de banlieue où semble commencer la barbarie d'un village italien, mêlant à un aspect d'Orient des souvenirs d'antiquité ; — des angles de rues étayés avec des morceaux de colonnes, des assises où les blocs sont des Minerves entières ; à côté d'une porte blanchie à la chaux, surmontée d'un morceau de natte et de l'ombre d'un moucharaby, des maisons frustes, effacées, rabotées par le temps, des façades où, sous un cintre à moitié bouché et maçonné, se dégage l'élancement d'une fine colonnette au chapiteau ionique ; — à tout moment, du plâtre déchiré, craquelé sur des briques du temps d'Auguste, des hasards de couleurs pareils à ces palettes de tons qu'un peintre garde à son mur et d'où un bout de passé, un profil, une esquille des grands os de Rome reparaît et reperce ; — souvent un vaste palais, noir de vieillesse, qui de sa splendeur délabrée n'a gardé qu'un vol d'oiseau de proie soutenant toujours en l'air un balcon disparu ; — là-dedans, la primitivité d'une

civilisation qui commence, d'une humanité crédule
aux commerces naïfs : les boutiques de barbiers
phlébotomistes, avec leurs enseignes, sur leurs
carreaux, de jambes et de bras dont le sang jaillit
rougement dans un verre ; des boucheries où le prix
de la viande d'agneau est affiché sur une sorte de
tambour de basque, des boutiques de loterie avec
les numéros sortis écrits à la craie sur leurs volets;
les *spaccio di vino* à deux baioques et demi, les
magasins aux dessus de portes enfumés, aux ou-
vertures d'écurie, laissant le marchand et les mar-
chandises au jour et à l'air de la rue, les trous
béants du petit trafic où se détache, sur un fond
de cave, le cuivre brillant de la balance des pays
chauds; l'étal, l'industrie, le travail, à l'état de
nature, sur de petites places, au-dessus du voltigement des lessives pendues, où le moindre souffle
met en passant des bruits de voiles qui se gon-
flent ; de grands ateliers de grossier charronnage,
le remisage sous le ciel de charrues rappelant Cincinnatus, et de robustes chars, aux roues pleines,
qui pourraient encore porter les fardeaux de la
République et les vieux fers de Caton ; — sur le
pavé, des passages de troupeaux de chèvres
blanches, se bousculant, se montant l'une sur
l'autre, ou bien des repos d'attelages de buffles

noirs, à l'œil de verroterie bleue, à la fade odeur de musc, immobiles dans leur ruminement méditatif; — sur les ordures, sur les fumiers d'herbes potagères, par les rues, au fond des impasses haillonneuses, un grouillement d'animalité domestique, de volailles, de chiens quêtant, la canaille errante des bêtes; et au milieu de cela, des femmes travaillant sur des chaises, au soleil qui leur marque sur la joue l'ombre de chacun de leurs cils; le fourmillement d'une marmaille vivace jetée là à poignée par la procréation chaude, enfance aux yeux ardents, monde de petites filles, porteuses et berceuses des plus petites qu'elles, que l'on voit vaguer le long des maisons, dégrafées par derrière, la chemise passant au dos, ou, dans le sombre d'un escalier de bois, vêtues comme d'une robe de jour, descendre en s'appuyant de la main au mur, — c'est ce qu'on nomme le Transtevere à Rome.

LXXX

Madame Gervaisais avait voulu se loger tout à côté de Saint-Chrysogone; mais n'ayant pu trouver de logement meublé place Sainte-Agathe ou dans le voisinage, elle s'était installée vis-à-vis de Sainte-Marie du Transtevere, à cinq minutes de Saint-Chrysogone.

Dans une immense maison délabrée, à la grande porte fermée d'une barre de fer, aux fenêtres de rez-de-chaussée grillées de barreaux, elle avait pris un appartement au premier étage, ayant sur le palier un atelier de cordonnier qui rayonnait de la lumière d'une pièce blanchie à la chaux et sans porte. De grandes chambres avec des lits douteux, à peu près vides de mobilier; un salon dont la nudité, la pauvreté, la misère avaient donné un saisissement à Honorine lors de sa première entrée dans la maison : tel était ce logement où le salon, pour le quartier, était encore la pièce riche et d'apparat. Ce salon, entièrement peint de ce bleu faux qu'affectionne le peuple italien et dont il azure jusqu'à ses chambres, avait un plafond aux poutres et aux poutrelles blanches lignées de filets rouges, sali et écaillé au ciel de la pièce. Très-grand, il paraissait immense par le peu qu'il contenait : un guéridon en noyer, des consoles sans rien dessus, des chaises en paille dont les bois étaient peints du bleu des murs, et un vieux canapé couvert d'un mauvais damas rouge dont le dos maigre et dur se renversait en rebord enroulé de baignoire. Une console pourtant portait un débris de paradis de cire dans lequel un enfant Jésus moisissait avec sa *gonnella* de soie passée et ses bretelles suisses de petit gymnaste. Des deux fenêtres battues de rideaux d'auberge, on voyait l'herbe de solitude qui pousse sur une place d'église, la porte latérale de Sainte-Marie du Transtevere et son inscription : *Indulgentia plenaria*, un grand mur de briques dénudées, déchaussées, où un auvent abritait une vieille peinture de Vierge sur une cathèdre devant laquelle se balançait une lanterne, la maison parochiale, d'un rococo espagnol, fermant la place à droite, le petit cimetière la fermant à gauche avec son préau à jour, ses décombres, ses tombes, ses ornements, ses roses sauvages dans des orbites de têtes de mort, — le petit cimetière baptisant de son nom triste la rue de madame Gervaisais. *Via del Cimitero.*

LXXXI

L'*Imitation* devenait sa lecture continuelle, le pain quotidien, amer et noir, de ses pensées. Elle méditait, elle copiait pour les retenir et pour les

porter sur elle, des morceaux du sombre livre.
Elle écoutait dedans, à toute heure, ce qui y sonne
le glas de la création, de la nature et de l'humanité. Elle vivait, inclinée sur les pages du bréviaire douloureux qui répètent : Mourir à ce qui
est, mourir aux autres, mourir à soi, mourir à ce
corps, mourir, toujours mourir ! — premier et
dernier mot de ces litanies qu'on dirait trouvées
dans l'*in pace* de la Sainteté du Moyen âge, entre
la cruche d'eau et le lit de planches d'un caveau
de couvent, *De Profundis* de la vie de la terre
écrit, semble-t-il, sous l'angoisse et l'approche d'un
autre an Mil, au jour baissant du soir du monde,
à la lueur tombante de son dernier soleil.

Et peu à peu, l'existence, elle se mettait à la
voir, en sortant du livre, avec la désillusion d'un
retour de cimetière, à la voir comme un passage,
une route à traverser en voyageur et en étranger
qui ne fait que toucher en chemin l'inanité, la
vacuité, la vanité des vanités de toutes les choses
hors de Dieu. Mortification et renoncement, c'était
l'écho impitoyable, éternel, de ces redites sévères
et funèbres qui commandaient, au nom de la
crainte de Dieu, à la vraie et profonde dévotion,
l'arrachement de tous les liens d'ici-bas, le dépouillement des sentiments pour les personnes

aimées et les préférences particulières, le dégoût et le mépris de toute chair et de toute créature dont le livre défend toute jouissance même innocente, ordonnant qu'on les regarde comme « de la boue et du foin ». Et les versets succédaient aux versets, ils tombaient goutte à goutte, inexorablement, ainsi que l'eau d'une voûte froide, une eau pétrifiante qui ossifierait le cœur, y glacerait les affections et les tendresses, l'empêcherait de battre pour ce qui fait de l'être humain sur la terre un membre aimant d'un monde aimant, né pour la société, l'amitié, l'amour, le mariage, la famille. Communions, attachements, liaisons chères, — le dur livre desséchait tout avec le froid détachement du moine et l'aridité de son égoïsme stérile, imposés à des sœurs, à des frères, à des maris, à des épouses, à des pères, — à des mères!

LXXXII

Elle-même se rendait compte de ce desséchement, de cet appauvrissement de son cœur qu'elle ne sentait plus riche et débordant comme autrefois se répandre d'elle, aller spontanément aux autres. La source vive de ses tendresses lui semblait tarir. Un désintéressement, un détachement des personnes lui venait. Et parfois, avec une grande tristesse, elle reconnaissait la misère présente de ses affections. Alors elle avait des doutes poignants sur elle-même; et s'affligeant d'aimer moins, de ne pouvoir aimer à la fois Dieu et le prochain, elle se calomniait, se disait qu'elle n'était plus aimante, sans oser un seul moment faire remonter au livre glacé ce froid du renoncement qu'il avait mis en elle.

De certains jours, elle pensait sans regret à ses amis de Rome qu'elle ne voyait plus, et s'étonnait de se sentir séparée de gens qui vivaient à côté d'elle comme de gens morts depuis des années. Elle songeait à cet attachement autrefois si vif et si profond pour ce frère, à l'éloignement duquel elle n'envoyait plus même un signe de vie, et dont le manque de nouvelles la laissait presque indifférente. Elle se revoyait aux premiers temps de son arrivée à Rome, impatiente, avide des souvenirs laissés derrière elle, allant elle-même prendre à la poste à l'arrivée les lettres si attendues, les lisant dans la cour; et revenant, le pas malheureux, quand le buraliste lui avait dit : *Niente...* A présent, elle passait des mois sans les faire retirer, ne s'occupant plus de ce qu'il y avait encore pour elle de sympathique mémoire en France. Cette Honorine, la domestique devenue presque une amie par le dévouement à sa maladie et à son exil, Honorine l'eût quittée le lendemain qu'elle n'en eût eu d'autre ennui que la perte d'une habitude.

Pour son fils, quoiqu'elle eût peur de s'interroger là-dessus, et n'osât pas, à propos de lui, se dire à elle-même tout le secret de son cœur, son fils, il fallait bien qu'elle se l'avouât, n'était plus toute sa vie. Elle l'aimait toujours, mais non plus du même amour, l'amour unique, jaloux, furieux, dévorant, qui la faisait folle de lui comme les chaudes et vraies mères. Pénible idée qu'elle chassait et repoussait aussitôt, se jetant sur son Pierre-Charles, se rattachant et se réchauffant à lui pendant des deux ou trois jours, avec des emportements de baisers, tout l'arriéré de ses tendresses, des étouffements de caresses, une frénésie d'adoration, des contemplations qui le mangeaient des yeux, des embrassements qui se le renfonçaient dans le sein. Puis elle retombait à la sévérité du Livre qui commande le sacrifice des « affections désordonnées » ; et elle en arrivait à se reprocher ces transports, sans pouvoir trouver la règle qui pouvait être la mesure religieuse, le degré de l'amour permis aux mères.

LXXXIII

Tous les matins, pendant qu'Honorine était occupée à l'habiller, à la coiffer, madame Gervaisais ne lui parlait que de religion, tâchait de l'entraîner à l'Église, insistait pour qu'elle allât à confesse. Mais là-dessus, elle ne pouvait rien obtenir de cette fille si obéissante, si soumise d'ordinaire à tout ce qu'elle voulait d'elle.

Au fond de l'entier dévouement d'Honorine à madame Gervaisais il couvait une haine plus ardente chaque jour contre cette religion et ces prêtres qui semblaient lui changer sa maîtresse et ôter d'elle tous les jours un peu plus de son bonheur et de sa bonté. Ainsi attaquée, Honorine ne répondait rien, mais sa résistance muette laissait percer un peu de l'horreur que lui inspiraient les persécuteurs de Madame. Alors venaient des scènes de sa maîtresse, des violences presque, des rages saintes de conversion où elle voulait l'arracher de force aux idées qu'elle devinait en elle, à son impiété. Une fois même, dans son exaspération, les mains de madame Gervaisais, ces mains de femme du monde, s'oublièrent jusqu'à s'approcher, colères et prêtes à griffer, du visage patient et résigné de la domestique qui baissa la tête, en semblant dire à sa maîtresse :

— Faites, madame ! De madame, je souffrirais tout.....

A ces éclats succédaient des froideurs glaciales, de durs : « Laissez-moi... je n'ai pas besoin de vous... »; des paroles plus blessantes que des coups, des regards de personne empoisonnée à une servante empoisonneuse qui lui verserait à boire. Elle la tenait à distance, l'éloignait d'elle, refusait ses attentions; et volontairement, pour l'humilier et la faire souffrir, elle demandait à son fils, quand Honorine était là, les petits soins de son service, d'aller lui chercher un livre, de lui relever son oreiller. Un jour, comme elle tourmentait Honorine plus vivement encore qu'à l'ordinaire, Honorine laissant échapper ce jour-là ses répugnances, madame Gervaisais tout à coup lui lança d'une voix mauvaise :

— Eh bien, écoutez que je vous dise, Honorine ? Vous me faites croire à ce qu'on a cru de vous... Oui... car si vous n'aviez rien sur la conscience, si vous n'aviez pas... cela qui vous pèse... à dire en confession... quand je vous prie... quand je vous le demande pour moi !... Oh ! c'est bien clair : c'était vous !...

— Madame… — dit Honorine ; et ses yeux devinrent soudain grands. Elle ne comprenait pas, il lui paraissait impossible que ces paroles fussent sorties de cette bouche ouverte là, devant elle.

— Allons ! c'est vous qui aurez volé madame Wynant !…

Honorine jeta à madame Gervaisais un regard de pitié épouvantée comme à une folle.

— Oh ! madame… Vous !… à moi ! Est-il, mon Dieu, possible que leur bon Dieu rende si méchant !

Et la voix lui mourant aux lèvres, elle tomba roide dans une attaque de nerfs.

LXXXIV

Madame Gervaisais se sentait certains jours assez malade, mais elle acceptait son mal et le laissait aller avec cette sorte de pieux fatalisme auquel l'exaltation de la dévotion amène souvent la femme : elle commençait à regarder sa santé comme une chose entre les mains de Dieu, et dont une vraie chrétienne ne doit pas s'occuper. La souffrance devenait à ses yeux une espèce d'avancement spirituel. Elle ne voyait plus de médecins, ne voyait plus le docteur Monterone.

Dans la lente exécution faite autour d'elle de ses amitiés et de ses relations, son ancien confesseur jésuite avait particulièrement travaillé à la détacher du député révolutionnaire de la Constituante Romaine.

Trouvant de singulières froideurs à l'accueil de madame Gervaisais contrainte et sérieuse au plus amusant de ses récits, le docteur s'était vite aperçu, avec son flair et son tact d'italien, de la souterraine manœuvre du Jésuite; il avait cessé subitement ses visites. Seulement il était convenu d'un signe avec Honorine, un rideau relevé à une fenêtre de l'appartement qui lui disait que ce jour-là madame Gervaisais était plus souffrante. Alors il montait comme auparavant, et après deux ou trois paroles de politesse banale, c'était chaque fois le même dialogue :

— Montrez-moi donc votre mouchoir de la nuit?

— Mais pourquoi donc, docteur?

— Pourquoi? pourquoi? vous n'avez pas craché un peu de sang?

— Non, tenez.

— Oui, un peu, un tout petit peu... Oh! presque rien...

Il allait prendre son chapeau.

— Nous vous saignerons demain.

Le lendemain, la saignée faite sans l'échange d'un mot, il disparaissait un mois, six semaines. Il y avait dans ces visites brusques une sorte d'intérêt impérieux qui ne laissait pas à madame Gervaisais le courage de rompre grossièrement avec lui. Elle aurait voulu avoir un prétexte, une occasion pour le renvoyer tout à fait, et se fâcher avec lui. Elle ne lui cachait pas l'espèce d'irritation avec laquelle elle subissait l'autorité de sa science. Mais le docteur avait une patience insupportable, et d'elle il acceptait tout, moitié par pitié pour sa malade, moitié aussi pour le plaisir de faire enrager le Père Giansanti. Au fond, madame Gervaisais avait fini par concevoir une certaine crainte de ce médecin, arrivant juste au jour, presque à l'heure précise de ses crises; et là surtout à Rome, dans ce pays d'espionnage, où la peur de l'espionnage, flottante dans l'air et contagieuse, lui donnait le trouble et l'anxieux soupçon qu'elle était espionnée.

Aussi, en quittant le Corso, avait-elle été très-contente d'avoir cette raison toute simple d'un changement de quartier, de l'éloignement, pour ne plus avoir affaire à lui.

— Partout il y a des gens qui savent saigner,

— avait-elle dit à Honorine quand elle l'avait envoyée porter au docteur le prix de ses visites.

LXXXV

Si croyante, et si avancée qu'elle fût dans la foi, madame Gervaisais éprouvait pendant un long temps la souffrance d'un douloureux état qu'elle n'osait avouer à son confesseur. Elle subissait une épreuve qui par moments la désolait : malgré l'ardeur, la passion de sa dévotion, la ténacité de sa prière, sa tendance continuelle vers Dieu, son avidité d'être toute à lui et de lui tout immoler ; malgré ce qui aurait dû, pour ainsi dire, faire naître Dieu en elle, Dieu n'y naissait pas. Elle ne possédait pas sa présence intérieure, elle ne pouvait se la donner ni l'atteindre. Un accablement lui venait à penser qu'il se reculait d'elle. Et elle passait par ces malaises et ces tourments de certains cœurs élancés de jeunes filles auxquelles manque, pour Celui qu'elles adorent, la confiance adorante, et qui, ne ressentant devant lui que la crainte et le respect, n'osent pas, comme dit saint Augustin, se jeter dans ses bras et se cacher dans son sein. La redoutable majesté du Maître lui en dérobait la bonté, et l'impression qu'elle en avait, pareille à une frayeur sainte, comprimait en elle le désir d'aimer et de s'abandonner : elle avait peur de Dieu.

LXXXVI

Il est, chez les pharmaciens romains, une heure de la journée intéressante, l'heure du *crocchio*, de « l'assemblée du clou », l'heure entre quatre et six heures où se réunissent dans la pharmacie les médecins qui viennent y chercher leur sort du lendemain. On les voit, dès la porte ornée de bâtons d'Esculape entourés de serpents, s'écarquiller les yeux pour tâcher d'apercevoir, au clou qui leur est affecté, le nombre de *chiamate* qui y sont fichées. Il y a des échanges de regard d'un comique terrible entre celui dont le clou honteux n'a rien, et le confrère voisin se rengorgeant devant les deux ou trois petits morceaux de papier pendus au sien.

Cet affreux coup d'œil du clou vide était le coup d'œil quotidien du très-pauvre diable Pacifico Scarafoni, *illustrissimo dottore romano*, assez bon botaniste, assez heureux guérisseur des fièvres locales, mais âne bâté et buté pour tout le reste, ce dont il s'excusait naïvement en rejetant son ignorance sur la difficulté d'apprendre l'anatomie à Rome, où l'on ne délivre, pour les études médicales, que des morceaux de femme au lieu du cadavre entier.

Ses malheurs d'allopathe l'avaient fait pour le moment homœpathe. En même temps, du libéralisme particulier à sa classe, il était passé à un zèle pratiquant qui lui avait valu la protection et la clientèle de quelques religieux d'Ordres pauvres. Le Père Sibilla, en l'indiquant à madame Gervaisais, le lui avait donné comme étant le médecin de Son Excellence le Prince Maximiliani. Seulement, madame Gervaisais ignorait que le Prince, à l'imitation de tous les Princes romains, se faisait soigner par un médecin étranger, et que le soi-disant docteur n'était attaché qu'à la santé des chevaux et des domestiques de la *casa*, payé six écus par mois, et logé aux combles du *palazzino*, cette annexe des illustres maisons italiennes à l'ombre du grand palais des maîtres.

Aussi, ce soir-là, en arrivant au *crocchio*, l'infortuné Pacifico eut-il un tremblement de joie en trouvant le nom d'une riche dame française qui, prise d'un crachement de sang, le faisait appeler.

D'un bond il se précipita à la précieuse adresse, et surgit, la porte ouverte, devant Honorine, avec son chapeau gris, son habit râpé, le traditionnel gilet de satin noir, un paquet de breloques en corail contre la jettature, et deux grands boutons carrés de jais, d'un noir de marbre tumulaire, posés sur sa chemise sale.

Il interrogeait madame Gervaisais, pendant qu'Honorine lui expliquait, avec ses quelques mots d'italien, que Madame était malade parce qu'on la saignait tous les mois, et qu'il y avait bien longtemps qu'on ne lui avait tiré du sang.

L'homme aux grands boutons hocha la tête, prononça que la saignée ne valait rien pour la malade, qu'elle n'en serait que plus affaiblie, et qu'il prenait, lui docteur Pacifico Scarafoni, l'engagement de la guérir avec des poudres de sa composition, des poudres fameuses, « des poudres que... des poudres qui... »

Cependant devant ce médecin, à voir la figure du personnage, sa misère funèbre et mortuaire, le caricatural sinistre de toute sa personne, à entendre le débit charlatanesque de ce marchand d'orviétan et de panacées merveilleuses, un frisson de peur traversa de son froid madame Gervaisais. Un moment elle eut l'idée de le renvoyer immédiatement et de faire demander le docteur Monterone.

C'est alors que Pacifio Scarafoni, à qui la malade venait de dire qu'elle l'avait appelé sur la recommandation du Père Sibilla, faisant du coin de l'œil, dans l'intérieur, la découverte d'images pieuses, eut la bonne inspiration de couper l'amphigouri de son annonce, et se penchant vers la malade :

— Mes poudres?... Eh bien, ma très-honorée dame, ce sont tout simplement des poudres homœopathiques... Vous voyez qu'il n'y a point tant à vous effrayer... d'innocentes poudres homœopathiques, et d'après le dosage des plus célèbres maîtres de Paris et de Londres, dont je suis le plus humble des élèves... *Ma...* — Et son ton prit une certaine componction insinuante, — j'y mêle, j'y mêle... — il dit cela en baissant religieusement la voix et les yeux, — de la *pâte des Martyrs*... Oui, de la pâte des Saints-Martyrs, dont vous avez dû entendre parler, et dont vous ne pouvez ignorer les effets miraculeux sur nombre de malades, même désespérés... On me la donne, à moi, chez les *Pères Ministres des Infirmes,* à Sainte-Madeleine.

LXXXVII

Il n'y avait plus de sensation plastique pour madame Gervaisais. Elle vivait dans une chambre nue, dans le vide démeublé où vivent les personnes pieuses, pour qui l'entour des objets ne paraît plus être dans l'appartement devenu, aux yeux de la vraie chrétienne, une auberge pour son corps d'un jour. Elle n'aimait plus les fleurs, n'y respirait plus ce qu'elle y respirait autrefois. Elle ne faisait plus de musique, n'en entendait plus. Elle ne regardait plus que des tableaux d'ex-voto ou des imageries de sainteté. Elle se complaisait à la misère presque sordide des lieux et des êtres dans ces églises du Transtevere qui sentent l'aigre d'une crèche d'enfants, mêlée à ces femmes guenilleuses laissant un morceau de loque sur le pavé à la place de leur prière. Elle n'était plus blessée par la laideur de rien. L'artiste, la femme prédestinée aux jouissances raffinées du beau, était parvenue à se faire, de ses sens exquis et raffinés, des sens de peuple.

La nature, les paysages, elle ne les goûtait plus. La forme, le décor de la matérialité humaine et terrestre perdait, autour d'elle, son intérêt, presque sa réalité ; et dans tout le visible et tout le sensible d'ici-bas, périssable et mortel, elle ne percevait plus qu'une sorte de cadavéreuse beauté des choses faisant tache sur l'unique splendeur de Dieu.

LXXXVIII

Sous la levée des semences jetées en elle par la direction du Jésuite, sous la compression du père Trinitaire, s'était effacée peu à peu, chez la pénitente, la grande, la haute, la si peu humaine idée du Dieu qu'elle s'était créée autrefois et qu'elle n'avait pu entièrement dépouiller d'abord dans le catholicisme : cette idée d'un Dieu inaccessible et inembrassable, trop vaste pour être une personne et quelqu'un. A l'idée de ce Dieu de sa philosophie avait succédé en elle un autre redoutable Dieu de sa foi, le Tout-Puissant, Dieu le Père, qui, par une lente et miraculeuse transformation, s'adoucissait lentement en ce Dieu humain, Dieu le Fils, ce Dieu notre pareil, ce Dieu de nos maux et de nos souffrances, ce Dieu amant : Jésus-Christ, — le Jésus qu'elle avait, avant sa conversion, vu passer dans l'Évangile, dans de l'histoire qui n'était pas encore divine à ses yeux.

Et cela lui arrivait, en ce temps où elle suivait les méthodes et les exercices pratiques de Loyola, cherchant le moins de clarté possible, le demi-jour qu'il conseille comme plus propre à l'illusion matérielle, et où elle tâchait d'évoquer, avec l'imagination, la représentation réelle du temps et de l'événement saint, objet de son oraison. Selon les leçons du grand directeur d'âmes, elle forçait ses « cinq sens », sa vue à voir, à se figurer le lieu, le décor, l'habillement, le visage sacré ; son ouïe à entendre le son de la voix ; son toucher à embrasser des mains, des vêtements, des traces de pas ; son goût et son odorat à sentir l'ineffable suavité qu'exhale une humanité divine ; et ainsi elle s'enfonçait en elle le Dieu de la croix.

Dès lors, affranchie du long tourment de sa frayeur, elle commença à jouir, tremblante, émue, ébranlée par tout l'être, de l'intimité chaste et délicate de son jeune Maître, avec des tressaillements dans la prière, un attendrissement de délices, ces touchements et ces douceurs spirituelles, cette inénarrable jouissance des *grâces sensibles* après lesquelles ces tendresses avaient si amèrement soupiré sans pouvoir y atteindre. Maintenant elle se trouvait dans la confiance et l'abandon de la femme qui se livre toute à Jésus, et se cloue à lui. Elle ne s'épanchait en rien autre chose, possédant en Lui, et plus parfaitement, et plus durablement, et plus pleinement, et plus purement, tous les objets auxquels elle renonçait pour son amour, brûlante d'une flamme toujours ardente, toujours active pour ce qui était l'occupation, la joie, la jubilation, la béatitude d'une passion qui, hors de là, ne pouvait rien goûter. Continuellement elle éprouvait jusqu'au cœur cette insinuante pénétration qui s'y glissait avec une douceur si forte et une force si douce, que, la retirant du monde, elle la forçait à rentrer en elle-même, à se replonger dans le recueillement de ces grands silences intérieurs où venaient flotter autour d'elle des paroles sans mots articulés, des paroles qui lui semblaient émaner de Lui et ne pas lui entrer par les oreilles, tant elle les sentait au profond d'elle!

Ses jours, elle les passait et les consumait ainsi. Pendant ses nuits, ses nuits insomnieuses où elle ne pouvait dormir plus d'une heure ou deux de suite, forcée de sortir de son lit et de marcher dans sa chambre pour combattre l'étouffement de son souffle court, maigre sous son peignoir blanc, d'une maigreur fantomatique, elle prolongeait, dans le noir des heures non vivantes, le long de ses allées et venues mal éveillées, des prières informulées, une adoration en songe qui lui laissait au matin la mémoire pâlie d'une vision nocturne du Sauveur.

LXXXIX

Alors ce fut chez elle une succession de mouvements ardents, les agitations et les élans de dévotion vive que la piété appelle des « aspirations ». S'exprimant à tout instant par des oraisons jaculatoires, par ces murmures expirants des lèvres à peine remuantes, comparés par le mysticisme aux paroles des amoureux parlant bas comme s'ils craignaient que leur voix plus haute ne fût plus toute à eux seuls, elle s'élevait à ces *colloques de silence* où les yeux répondent aux yeux, le cœur au cœur, et où nul n'entend ce qui se dit que les amants sacrés qui se le disent dans un souffle !

Un jour qu'Honorine était dans sa chambre, elle vit sa maîtresse devenir ainsi subitement toute singulière, l'entendit prononcer un nom distinct : « Madeleine ! » — et à cet appel, comme s'il entrait amenée par cette Madeleine, quelque imposante

visite, la femme de chambre resta stupéfaite et n'y comprenant rien : tombée à genoux sur le parquet, madame Gervaisais faisait le mouvement d'embrasser le bas d'une robe, prosternée, paraissant adorer un roi dans la chambre vide et sans personne, en répétant plusieurs fois, la figure rayonnante :
« — *Rabboni*, mon bon Maître ! mon bon Maître ! »

XC

Avec un entier secret, elle s'ingéniait à trouver des souffrances, des supplices pour son corps, ce pauvre corps malade que ces confesseurs eux-mêmes avaient défendu contre elle, ne voulant pas lui permettre de le macérer et de le tourmenter. Elle était arrivée à s'inventer toutes sortes de privations recherchées et rares. Elle ne se coupait plus les ongles des pieds, elle les usait avec une brique. Et c'était toutes sortes d'imaginations pareilles et de raffinements de dureté. Si douce à sa personne autrefois, elle s'ingéniait à mettre, à sa toilette avare, des austérités, des rudesses, qui rappelaient ces pénitentes des premiers siècles de l'Église, haineuses à leurs corps.

Depuis quelque temps, Honorine s'étonnait de

trouver, sans pouvoir deviner d'où pouvait venir cela, dans les chemises de sa maîtresse, des taches de sang au bout de brindilles d'arbuste : madame Gervaisais avait, sur le refus du Père Sibilla de lui laisser porter un cilice, pris l'habitude de coudre, sur la toile qui couvrait sa poitrine, de petites branches de rosier dont les épines lui déchiraient la peau.

XCI

Madame Gervaisais avait pris en affection, dans Sainte-Marie du Transtevere, un vieux coin de la vieille église, encombré et rapiécé de débris de siècles, un angle d'obscurité aux colonnes de porphyre sombre sous des chapiteaux de bronze, aux lambeaux d'art ancien, aux restes d'antiquité, aux inscriptions gothiques, aux cadavres de pierre de Cardinaux plaqués dans les murs sous leurs chapeaux rouges; fragment de musée, de vétusté vénérable, où la présence de tous les passés de Rome se montre en un bric-à-brac sacré, ramassé à la démolition d'un Empire et à l'expropriation d'un Olympe.

Un petit sacristain, un enfant qui la guettait de

la maison parochiale sur la place, sitôt qu'il la voyait sortir, allait lui ouvrir la petite porte aux rinceaux byzantins par laquelle madame Gervaisais tombait dans l'église, au bas d'une marche boiteuse. Les doigts mouillés à l'eau bénite du bénitier éclairé d'une veilleuse, elle montait à droite les cinq degrés qui conduisent à la Tribune ; et s'agenouillant sur le marbre du dernier, elle avait, un peu à sa gauche, l'hémicycle de boiserie brune, au milieu duquel se levait le blanc mystère d'un siége de marbre, gardé par deux griffons, un trône redoutablement vide ; en haut, à la voûte, le colossal Jésus, la longue Vierge géante, les apôtres courbés par la voussure et se penchant du ciel d'or avec des faces de martyrs sauvages blémies par les couleurs de pierres précieuses et les orfévreries de leurs costumes, les pieds sur la grande frise qui déroule de chaque côté de l'Agneau céleste le troupeau fantastique des brebis marchant sur un fond noir.

Elle était seule dans l'église fermée à cette heure.

Elle commençait à prier, à prier sur ses genoux, sur ses genoux écorchés. Et son adoration se mêlant d'un peu d'épouvante, ses yeux se perdaient dans la vision du plafond, sur ces images divines si différentes de toutes les autres, attirantes et douces, auxquelles les livres et les gravures l'avaient habituée; elle s'égarait dans ce rêve-dur du ciel, dans ce paradis formidable, ce hiératisme barbare, cette beauté cherchée dans l'anti-humain, ce style de l'inexorable qu'ont ces figures, cet effroi du Christ pareil à un terrible Empereur de la souffrance; et peu à peu, enlevée au sentiment de la réalité, sa vue troublée, entrant en union avec ce qui brillait au-dessus d'elle dans l'or, elle croyait assister à un miracle de la lumière de quatre heures, frappant la mosaïque, les corps, les faces, les vêtements, les membres, d'un mouvement ondulant, là où le rayon les touchait. Elle se figurait apercevoir l'ombre baisser de son doigt la paupière lourde des griffons, et appesantir leur sommeil de marbre; et l'inconscience lui venant presque, elle se sentait, non sans un anxieux plaisir, comme celui de perdre terre, transportée au delà du lieu et de l'heure, dans un décor qui aurait été l'Apocalypse, dans cet espace de l'avenir où seront brisés les sept sceaux du Livre.

Presque toujours elle restait des heures agenouillée, droite et se roidissant. Par moments elle devenait blanche comme si tout son sang l'avait quittée; et à d'autres, un épuisement suprême, la fin de ses dernières forces, donnaient à son corps vaincu, à sa tête presque mourante sur son épaule, l'affaissement d'une personne qui va s'évanouir. Alors son fils, qu'elle gardait toujours près d'elle, approchait de ses narines un flacon de vinaigre qu'elle lui faisait emporter chaque fois, dans la prévision de se trouver mal. Le pauvre enfant était dressé à cela. Il était habitué à ces faiblesses de sa mère, et n'en avait plus d'inquiétude. Après quelques secondes d'aspiration, madame Gervaisais se redressait, héroïque, et repriait. Et, au bout de sa prière, son visage, mortellement las et tiré, avait l'agonie de traits, les yeux rentrés, le regard cave et presque renversé en dedans du Saint Jérôme recevant la communion dans le tableau du Dominiquin.

XCII

Cette fièvre de foi ne tardait pas à faire de l'extase l'état chronique de la femme épuisée, tuée par le mal, les macérations, le dédain de la santé; —et ce ne fut bientôt plus seulement à Sainte-Marie du Transtevere, ce fut chez elle, à l'improviste, qu'elle eut presque continûment ces ravissements, ces élancements, ces transports qui la détachaient et l'arrachaient de la matière.

Pendant qu'elle était en train de travailler à sa tapisserie, Pierre-Charles entendait, après deux ou trois profonds soupirs, la voix de sa mère devenue une voix de petite fille, sanglotante, étouffée, un moment douloureuse et enfantinement gémissante, se taire et se briser dans une exclamation ; et aussitôt il voyait son visage aux pommettes enflammées se renverser, tendu vers quelque chose.

Elle restait longtemps ainsi, dans un néant ravi, pénétrée d'un sentiment de soulèvement physique de toute sa personne, ayant l'illusion et l'impression d'une force qui l'enlevait du canapé où elle était assise, l'approchant de l'objet qu'elle semblait contempler au plafond et dont elle ne parlait jamais. Le globe de ses yeux fixes, leurs paupières n'avaient plus de mouvement ni de battement : un aveuglement radieux remplissait son regard. Une beauté indicible descendait sur la maigreur et l'immobilité de cette figure tout au bord du ciel... A ces moments, ses pâles mains de malade, élevées vers sa vision, apparaissaient, dans le jour, des mains transparentes.

Quand cela lui arrivait, l'enfant, qui avait ordre

de ne pas lui parler, de ne pas appeler Honorine, regardait sa mère avec un vague effroi, aimant cependant à la voir si belle de cette beauté qui lui faisait peur.

Au bout d'un certain temps, madame Gervaisais revenait à elle avec un petit tremblement. Après une première stupeur, elle cherchait autour d'elle s'il n'y avait personne : car elle était confuse, presque honteuse, de ces grâces de Dieu qu'elle eût voulu cacher; et rassurée en ne trouvant que son enfant là, elle se remettait à travailler comme si rien ne s'était passé, s'arrêtant et se reposant par moments, reprenant haleine dans une respiration plaintive.

Un 29 juin, jour de la fête de Saint Pierre et de Saint Paul, elle avait envoyé son fils voir l'illumination de la coupole de Saint-Pierre avec Honorine. En ramenant l'enfant, la femme de chambre trouva, à côté d'une bougie dont la flamme expirante avait cassé la bobèche, sa maîtresse évanouie, renversée à plat sur le dos, les mains encore étendues au-dessus de sa tête dans un mouvement d'adoration.

XCIII

La maladie, la lente maladie qui éteignait presque doucement la vie de madame Gervaisais, la phthisie, aidait singulièrement le mysticisme, l'extatisme, l'aspiration de ce corps, devenant un esprit, vers le surnaturel de la spiritualité.

L'amaigrissement de l'étisie, la diminution et la consomption du muscle, la mort commençante et graduelle de la chair sous le ravage caverneux du mal, la dématérialisation croissante de l'être physique l'enlevaient toujours un peu plus vers les folies saintes et les délices hallucinées de l'amour religieux. Elle y était encore portée par un autre effet de son mal. Contrairement à ces maladies des grossiers et bas organes du corps, encrassant et salissant chez le malade l'esprit, l'imagination, les humeurs mêmes comme avec de la matière malade, la phthisie, cette maladie des parties hautes et nobles de la créature, a pour caractère de faire naître chez le phthisique un je ne sais quoi d'élevé, d'attendri et d'aimant, un sens nouveau de voir en bien, en beau, en idéal, une sorte d'état de sublimité humaine, et qui ne semble presque plus d'ici-bas.

Mais avant tout, la phthisie agissait sur madame Gervaisais par son action particulière sur le cerveau, et la prodigieuse métamorphose du moule des idées; une action inobservée, voilée jusqu'ici, ignorée de la médecine, et dont un grand physiologiste de ce temps travaille en ce moment à pénétrer le mystère, — cette action amenant la réduction du cerveau à cet épurement originel où il ne possède plus exactement que ce qui lui est nécessaire de posséder en tant que substance cérébrale, et où, dans son atténuation et sa déperdition morbides, il fait ressortir de la tête, et la vide, pour ainsi dire, des notions et des acquisitions des années vécues; en sorte que le cerveau d'une poitrinaire de quarante ans, revenant aux qualités primitives de l'enfance, est ramené et retourne par là à la pureté des pensées d'une petite fille de douze ans, d'un cerveau de première communion.

Puis enfin la phthisie lui donnait, sous la demi-asphyxie du gaz carbonique que les poumons ne peuvent expirer, une excitation, une perte du sang-froid de la tête, une ivresse légère pareille à la griserie d'un petit enfant qui aurait bu de l'eau de seltz à jeun.

XCIV

Ainsi tout, la maladie qui la rongeait, la diminuait, la grisait, la continuité exténuante de l'exaltation, la constance d'une unique pensée fixe, l'appassionnement déréglé de tout son être, l'effort, la tension de toutes les facultés du cerveau et de toutes les volontés de l'imagination, s'unissant chez elle à de naturelles prédispositions pour les jouissances secrètes de l'amour divin, l'amenaient vite sur cette lisière à peine indéfinissable qui sépare la Vie Illuminative de cette vie Unitive qu'on pourrait appeler le grand Toujours de l'âme en Dieu.

Elle entrait pleinement dans la relation directe et incessante, dans une sorte d'identification avec l'Infini, par une absorption, au delà de toute idée et de tout mot humain, où s'engloutissait son cœur. Toute morte à ce qui est le *moi* pensant et actif d'une personne, sa sensitivité suspendue par une étonnante et miraculeuse paralysie, une véritable catalepsie sainte, — elle semblait s'envoler, se transporter plus haut qu'ici-bas, en un lieu céleste où, avec ses yeux de la terre, la femme voyait Jésus élargir, autour de sa tête pressée contre la sienne, sa déchirante couronne, approchant d'elle et lui faisant partager la moitié de ses épines et de ses clous !

Bienheureux délires, ivresses bénies, surexcitations folles de la Folie de la Croix! Mais la nature et les forces humaines ont leurs limites et leurs mesures : tout à coup, au plus vif et au plus intense de l'illusion, elles trahissent la créature qui retombe de la communion de l'Éternité, dans un énervement long à secouer.

XCV

Ce moment venait pour madame Gervaisais. Ses extases perdirent leur retour et leur fréquence, s'espacèrent de plusieurs jours, lui demandèrent, pour qu'elle les obtînt, un plus grand effort de volonté, diminuèrent d'illusion et de durée, ne l'enlevant plus à la réalité que par des secousses saccadées et pour un temps court, ne lui montrant plus que des visions incomplètes, troubles et voilées, comme si se brisait au ciel la chaîne bienheureuse qui y nouait sa vie, comme si, là-haut, Dieu lui retirait l'amitié de son approche et la familiarité de sa lumière.

Et à mesure que s'éloignaient et s'en allaient d'elle les faveurs du ravissement, elle sentait se glisser dans ses prières, ses oraisons, ses méditations, ses conversations intérieures, un sentiment qu'elle n'avait pas encore éprouvé, ce malaise de l'âme, cet état où l'amour pieux est subitement comprimé, annihilé par une cause de rupture dont il ne sait rien, et qu'il cherche vainement en lui-même, « l'état de sécheresse », où toutes les tendresses avec lesquelles la dévotion s'offre, monte, s'élance, sont frappées d'aridité, de stérilité, et demeurent devant le Seigneur comme une terre sans eau.

Dieu paraissait lui avoir retranché cette douce nourriture de lui-même qu'il donne aux commençants de la foi, et qu'il leur supprime ensuite, dont il les sèvre, par un plus sévère régime, pour les habituer à le servir, sans désir et sans goût de leur propre félicité, sans exigence ni recherche intéressée et égoïste de leur sensualité spirituelle. Elle était arrivée à un de ces instants critiques dont l'épreuve n'a pas été épargnée même à la sainteté des plus grands Saints, l'instant où l'âme doit continuer à aimer, toute vide et toute abandonnée qu'elle soit de l'amour divin, malgré la perte de tous les dons d'effusion, d'espérance et de confiance. La « Grâce », elle avait perdu la Grâce, et elle éprouvait une consternation de ce délaissement qui la rendait à sa propre indigence. Tous les exercices étaient maintenant pour elle sans saveur et sans suavité. Vainement elle prenait demeure dans les plaies saignantes de Jésus-Christ, se réfugiait dans sa Passion; vainement elle redoublait d'appels, d'évocations et de supplications : elle ne parvenait plus à s'attendrir, se fondre, se mouiller de la componction de ses larmes passées. Ses oraisons lui laissaient la froideur d'une statue; et ne pouvant que regarder les murs, elle ne se voyait plus capable de faire jaillir un acte d'amour de la dureté de son cœur.

XCVI

Enfermée dans ce quartier du Transtevere, elle vivait plus retirée que jamais chez elle, ne se décidant guère à sortir que lorsque son regard tombait sur le visage de son enfant et sa pâleur d'emprisonné.

Sans jamais dépasser les ponts, sa maussade

promenade se traînait le long du Tibre, par ces débouchés qui tombent sur le fleuve et y descendent en *immondezzaio*, par ces terrains aux buissons rabougris, par ces berges baveuses d'un limon pareil à celui que laisse la marée à l'entrée des rivières, par ces bords aux maisons fangeuses, honteuses et pourries, ayant des trous pour portes et fenêtres, des façades écorchées qu'on dirait brunies et brûlées de la coulée de toutes les fientes de Rome; ligne de bâtisses d'ordures, dominées par un dôme de vieux métal, du vert d'une feuille d'aloës, et d'où s'avançaient çà et là des arceaux de briques antiques, arcades d'égout portant un jardin de roses sauvages ou de citronniers d'or. Machinalement, madame Gervaisais oubliait son regard sur le fleuve qui coulait au bas, jaune, roulant impassiblement, dans son eau aveugle et trouble, des trognons de *broccoli* sur le lit des chefs-d'œuvre noyés dans sa bourbe. Sa plus longue course, celle que lui permettaient encore ses forces, était de mener Pierre-Charles un peu plus loin, dans l'île de Saint-Bartholomé, sur le petit pont des *Quattro Capi*, à ce bout de Tibre, étranglé par les moulins, les baraques de bois avec leur longue roue à palette, leurs barrages, leurs estacades, leurs passerelles de bois pliantes, — un coin d'eau ancien, rappelant ces cours encombrés de vieux fleuves dans des vieilles villes qu'on voit sur les topographies de Mérian.

Là, l'enfant, la joue posée sur le parapet, s'amusait un peu au jeu du tournoiement incessant du *girarello*, le filet romain avec ses deux balances plongeant à tout moment et ressortant avec des esturgeons, souvent grands comme un homme.

Comme elle revenait d'une de ces promenades, elle rencontra dans la *Longaretta* son ancien domestique. Avec le sentiment natif d'égalité revenant au romain qui n'est plus en service, Giuseppe l'aborda familièrement. Il était mis avec recherche, en habit neuf; il avait des gants orange, une canne, et tenait, serré sous son bras, le plus naturellement du monde, un poisson sec et plat dont le sel lui blanchissait l'aisselle.

— Eh bien, Giuseppe, vous avez donc fait fortune? — lui dit madame Gervaisais.

— Pas encore, signora... Giuseppe est Giuseppe... — Puis il ajouta de son air mystérieux : — Je suis d'une société pour les fouilles...

Et de sa voix la plus creuse, avec des suspensions dramatiques et des mouvements d'yeux de traître, il expliqua à son ancienne maîtresse que l'affaire était excellente, que la brique qu'on trouvait se vendait cinquante baïoques la voiture et payait les journées des ouvriers; qu'il y avait en plus les petits profits : les fragments de colonnes de marbre, sans compter les médailles, les monnaies. Et puis on pouvait découvrir un Torse!

Il s'anima, tendit ses longs bras, ouvrit ses petits yeux à la vision sous terre d'une si prodigieuse trouvaille. — Un Torse!... — répéta-t-il en s'exaltant. — Recevoir cinq mille ducats!... être anobli par le Pape!

Malheureusement, il ne pouvait pas travailler en grand; son associé, le jardinier du prince Santa-Croce, manquait de capitaux. Et pourtant il connaissait un endroit! Si une personne riche, comme l'était madame Gervaisais, voulait bien se mettre de moitié avec lui, il était sûr de trouver là, lui aussi, un grand Hercule doré, doré de l'épaisseur d'un sequin, et plus beau que celui du Capitole. Lui, il déclarait ne tenir qu'à l'argent...

— Et la signora... — fit-il, se retournant vers l'enfant dont il toucha l'épaule, — ne serait-elle pas contente de voir le petit seigneur que voilà, fait, par Sa Sainteté, comte ou marquis?

XCVII

Arrivé à une entière déréliction, le cœur de madame Gervaisais, où l'adoration de la Mère de Jésus était restée comme absente, ce cœur jusque-là sans prière à la patronne de son sexe, ce cœur pareil aux cœurs des illuminées dont l'amour semble un peu jaloux de cette sainte Vierge avec la jalousie naturelle de l'Epouse pour la mère de l'Epoux, ce cœur implorait pour la première fois Marie « Consolatrice des affligés ».

Elle était inexaucée ; et enveloppée d'obscurités et de ténèbres, pleine d'incertitude et d'angoisse, ne pouvant trouver la raison qui la rendait indigne de toutes les miséricordes divines, elle élevait tout haut la plainte du Psalmiste : « Mon Dieu ! vous avez détourné de moi votre visage, et je suis tombée dans le trouble. »

Les grâces sensibles, comme il arrive, l'avaient éloignée de son confesseur : la sécheresse la rejetait au confessionnal de Saint-Chrysogone.

XCVIII

Dans l'ancienne église de Saint-Chrysogone, sur la misère de ses richesses, sur les marbres délabrés, sur le dallage de mosaïque, semé de dragons et d'aigles éployées, aux trous bouchés avec des morceaux de pavé de la place, sur la nudité de ses chapelles de village, le bois de ses autels disjoints, les grossiers et criards tableaux figurant les légendes de l'ordre, — le noir de la nuit était descendu entre les vénérables colonnes, amenant la peur que l'obscurité apporte à la solitude des basiliques lointaines et infréquentées de Rome. Un restant de jour éclairait seulement au fond du chœur trouble un énorme candélabre soutenu par des paons, et portant un immense cierge peint tout le long, piqué de cinq pommes de pin; dernier rayon qui s'en allait mourir sur une dalle où se lisait :

Vera fraternitas
Nec in morte separatur.

L'église paraissait vide. On entendait seulement de derniers pas attardés glissant vers la porte, la sonnerie de cuivre des baïoques du tronc de la journée vidé quelque part; et un grand silence revenait, qu'entourait le silence de la place et des rues mortes.

Au milieu de cette nuit du monument éteint, endormi, muet, redoutable, peu à peu monta une voix de dureté qui disait à une femme agenouillée sur un fragment de tombe antique servant de marche au confessionnal :

— Misérable pécheresse! vous vous plaignez que Dieu repousse vos embrassements? Dieu ne se donne, ne se livre qu'à ceux qui se donnent tout à lui, qui renoncent à tout pour lui, qui lui sacrifient, entièrement et sans retour, tous les attachements terrestres... Votre enfant! Ce n'est pas un amour de mère chrétienne, je vous le dis, que vous portez à votre enfant!...

— Mais, mon Dieu! comment voulez-vous que je l'aime?

— Broyez votre cœur.... Votre enfant?... un enfant marqué au front des signes de la colère de Dieu, l'enfant puni, maudit de votre incrédulité d'alors...

La mère voulut encore essayer d'élever la voix. Mais le confesseur l'écrasa avec ces mots :

— « Si quelqu'un vient à moi, et qu'il ne haïsse pas son père, sa mère, son épouse, ses enfants...

ses enfants! entendez-vous?... il ne peut être mon disciple. » Ce sont les paroles mêmes de Notre-Seigneur Jésus-Christ au chapitre XIV, au verset 26 du saint Évangile de Saint Luc.

Madame Gervaisais resta muette, brisée, dans l'angle du confessionnal, tandis que l'église résonnait du bruit que fait le chapelet d'un Trinitaire en marche.

XCIX

Quand madame Gervaisais sortait sans Pierre-Charles, l'enfant, en qui s'enfiévrait le besoin de sa mère depuis qu'elle paraissait se retirer de lui, l'enfant avait pris l'habitude, pour être embrassé plus tôt, de se tenir obstinément dans la pièce presque noire qui servait d'antichambre; et là, écoutant l'escalier, reconnaissant dès la première marche le pas qu'il attendait, il se dépêchait d'ouvrir et d'aller au-devant du baiser un peu essoufflé de sa mère.

Ce soir-là, madame Gervaisais, en rentrant, repoussa les deux bras tendus de son enfant. L'enfant courut après elle, avec de petits mots passionnés, la tira par la robe pour la faire retourner, traversa ainsi, essayant de se suspendre à sa mère, tout l'appartement. Arrivée à sa chambre, elle se détacha brusquement de lui, et ferma la porte sur elle. Étonné, interdit, l'enfant regarda longtemps cette porte qui ne s'ouvrait pas : à la fin, se gonflant de larmes et pris d'une colère furieuse, il se mit à frapper le bois de ses pieds, de ses mains, de tout son petit corps, avec des cris, des appels, des jurements trop gros pour sa bouche et qui n'y passaient pas, fou de rage; puis il se laissa tomber par terre contre la méchante porte, se roulant et se noyant dans ses pleurs. Au bruit, Honorine accourut, le ramassa, et le porta sur le canapé sans lui rien dire : elle n'avait pas le courage de lui parler.

C

Cette nuit-là, madame Gervaisais ne se coucha pas. Agenouillée devant un crucifix accroché au mur de sa chambre, elle passa toute la nuit à s'entretenir avec le morceau de cuivre, lui racontant sa vie, lui disant ses larmes dans une de ces conversations presque familières de l'exaltation qui sont parler à Dieu, attendre qu'il réponde, et causer avec lui comme avec une personne qui serait là.

Elle lui disait :

— Je vous ai tout sacrifié, mon Dieu, depuis que je vous connais... Mon Dieu, mon Dieu ! je vous prie, écoutez-moi en pitié... Oui, j'ai été longtemps sans vous voir, et je ne trouvais pas le chemin pour aller à vous... Mais vous savez depuis mon affliction, mon amertume, combien je me déteste, combien je me fais horreur et dégoût dans mon passé... Et pourtant, mon Dieu, je ne peux pas ne plus être mère... je ne peux pas ne plus aimer mon enfant !... C'est trop, mon Dieu ! c'est trop ! Mon Dieu, mon confesseur Jésuite me permettait mon enfant... Il trouvait que cet amour-là ne vous faisait point tort... Pourquoi celui-ci m'en demande-t-il plus ?... Mon Dieu ! je vois bien votre tête inclinée vers moi, vos yeux abaissés sur moi, vos bras ouverts devant moi, en signe de clémence et de pardon... Mais vous ne me répondez pas, mon Dieu ?... Mon Dieu ! mais est-il juste que cet enfant soit malheureux et qu'il souffre par moi ?... que je le tue !... moi qui l'ai déjà estropié en lui donnant la vie !... Car vous m'avez frappée à sa naissance, mon Dieu... Oh ! je ne vous accuse pas, mon Dieu !... Vos volontés sont à vous... Mais faut-il qu'il en meure à présent, mon pauvre innocent d'enfant!... Répondez-moi, mon Dieu... Vous ne me répondez pas, mon Dieu...

Et la misérable femme, gémissante et sanglotante, se tordait à terre, sous le crucifix, ainsi qu'une mère de fils condamné aux pieds d'un juge impitoyable et muet. Et la nuit s'avançant, la douleur désespérée de ses supplications, le cri de cette grâce qu'elle demandait toujours plus haut, finissaient par réveiller Honorine qui crut un moment quelqu'un entré chez sa maîtresse. Pieds nus, elle vint écouter à la porte de la chambre, effrayée.

Pendant une longue heure elle entendit ces mêmes larmes, ces mêmes sanglots, ces mêmes prières : — Répondez-moi, mon Dieu !... mais répondez-moi donc, et faites que je vous entende !

Puis ce ne furent plus, sous l'épuisement, que des pleurs étouffés, des plaintes, une voix presque évanouie qui continuait à murmurer : — Enfin, c'est toujours mon enfant !...

Dernier mot de cette cruelle litanie, dans le silence de la chambre, au bas de l'agonie d'un Dieu en croix.

CI

Le combat fut long, la dispute intérieure fut épouvantable chez la mère. La lutte dura des semaines, des mois. Il fallut plus d'une fois l'autorité et la parole du confesseur. Mais déjà cependant, d'un jour à l'autre, l'enfant sentait un peu moins de sa mère dans la femme qui le faisait manger, l'emmenait quand elle sortait, laissait tomber par habitude, le matin et le soir, sur son front, la froideur de sa bouche. Le petit être se sentait oublié de ses pensées, de ses yeux, de ses regards; il souffrait de la privation de ces doux petits mots inutiles dont elle ne le gâtait plus, de ces silences de caresse avec lesquels, autrefois, elle semblait lui dire, les lèvres fermées : — Je t'aime! Avec lui, elle n'avait plus sa voix de petite mère, et elle ne lui donnait plus rien de cette tiédeur d'amour, l'air vital de son petit cœur.

Au souffle de toutes les idées versées en elle sur l'indignité des affections charnelles et imparfaites pour la créature périssable et créée, sur le sacrifice généreux qu'on en doit faire au Créateur, cette froideur de madame Gervaisais grandissait péniblement, au milieu de tourments, de rechutes, de retours qui la rejetaient à son enfant, la traversaient d'envies soudaines de l'étreindre, d'élans dont elle se sauvait en fuyant brusquement dans sa chambre où elle fondait en larmes, se grondant de ses faiblesses, et se tendant à l'affreux supplice de l'insensibilité maternelle, faisant sur elle le travail de « broyer son cœur », selon l'ordre du Trinitaire.

A la longue, un sentiment de peur d'elle-même lui venait devant le pauvre petit comme devant un danger : elle se reculait de lui, se défendait de sa présence ainsi que d'une tentation. Le sentiment d'une femme en garde contre une séduction de sa chair et de ses os se glissait en elle contre son enfant. Et à la fin de tous ces bouleversements d'une conscience et des instincts d'une mère, elle s'arrachait une sorte de haine, peut-être cette *haine sainte*, cette monstrueuse victoire dénaturée sur le sang, la dernière et suprême victoire de la religion, une haine d'un mélange étrange pour ce fils où elle ne voyait plus son fils, mais seulement un obstacle à son salut, un empêchement des bontés de Dieu sur elle, un ennemi chéri et détesté de sa vie éternelle !

A l'exemple d'une illustre Sainte qui ne pouvait

guérir d'une affection terrestre, elle récitait tous les jours, selon la recommandation de son confesseur, l'hymne du *Veni Creator Spiritus.* Un certain jour, comme elle le récitait, tout à coup, une main puissante et efficace lui fit l'effet de lui retourner le cœur et d'en renverser tout ce qui y restait de tendre : elle ne se sentit plus aimer son enfant, elle ne se sentit plus aimer personne.

CII

Une immense tristesse prit alors le pauvre petit repoussé, comme exilé de sa mère, une tristesse disproportionnée à son âge, et qui, par sa concentration, son absorption, sa résignation muette et sa profondeur noire, ressemblait presque à un grand désespoir d'homme ; et c'était avec le long ennui immobile d'une grande personne qu'il regardait un pavé de la rue ou le mur de l'église d'en face. Son chagrin ne voulait pas se consoler ni se laisser distraire.

Son enfance ne faisait plus de bruit. Il n'allait plus à la fenêtre quand il y avait de la musique dans la rue. Il ne regardait plus les petites *fanciulle* sur l'escalier, accroupies en tas sur les marches.

A la vue des petites filles, il ne donnait plus l'espèce d'attention sensuelle de son petit être incomplet et hâtif, de ses sens développés avant son intelligence. Et de toute sa journée il n'avait plus rien de bon qu'un instant du matin dans son lit, ce premier réveil sans mémoire que les plus grands chagrins ont le loisir de laisser à l'enfant, et au bout duquel s'en allait subitement le sourire de sa petite figure qui se rappelait. Levé, il cherchait un coin, l'ombre d'une pièce, où, de loin, il suppliait sa mère de le voir, avec ces yeux d'un fils que madame Gervaisais essayait d'éviter, mais dont parfois la rencontre la faisait tressaillir des pieds à la tête. Souvent le malheureux, se trompant à l'expression de son visage, croyant y retrouver son ancienne mère, se risquait à s'avancer, se levant et allant vers elle ; mais aussitôt il était arrêté par un air glacé : ce qu'il avait cru pour lui n'était que le reste attendri d'une prière, d'une invocation, d'une oraison intérieure de la femme, égaré à côté d'elle, sans y penser, sur son enfant oublié, et que celui-ci avait vite ramassé comme les miettes du cœur de sa mère.

Et le soir, à son coucher par Honorine penchée sur lui en bordant sa couverture, son dernier mot était toujours :

— M'man plus aimer Pierre-Charles...

CIII

A cette époque, madame Gervaisais n'avait plus à se mettre sur le dos qu'une vieille robe noire, trop large pour sa maigreur, et qu'Honorine avait remployée ; en linge, elle possédait six chemises reprisées et quelques mauvais mouchoirs. Et elle ne voulait pas entendre parler de rien racheter.

De jour en jour, depuis des mois, elle avait fait plus étroites, plus mesquines, plus honteuses, les privations pour elle et autour d'elle. A la suite du renvoi du domestique, puis de la voiture, elle avait restreint la dépense de l'intérieur, resserré sa maison, sa vie, celle de son enfant, avec la plus extrême parcimonie d'une avarice maniaque, et qui, venant d'elle, surprenait Honorine, ne pouvant y trouver d'autre explication qu'un caprice de malade et ne sachant ce que devenait l'argent de Madame.

Cette âpreté, cette dureté impitoyable contre elle-même et les autres ne faisait que croître. Si frileuse qu'elle aurait mieux aimé « se passer, disait-elle, de pain que de feu », elle se refusait le feu d'un brasero par les matinées ou les soirées froides.

Quand madame Gervaisais s'était établie dans le Transtevere, Honorine avait pensé à ne pas laisser sa maîtresse s'empoisonner avec les plats italiens de la *trattoria* du quartier; et elle s'était mise à lui faire, de son mieux, la cuisine. Madame Gervaisais avait fini par trouver que la cuisine à la maison coûtait trop cher; et elle avait fait venir d'à côté son économique et monotone dîner quotidien : un bouillon avec des abattis de dindon, et un poulet de Rome, un poulet de la grosseur d'un pigeon, sur lequel trois bouches devaient vivre.

Son fils serait mort de faim, si Honorine ne l'avait nourri en cachette.

CIV

Enfin un jour arrivait où chez madame Gervaisais la Grâce finissait d'assassiner la Nature. En elle, la femme, l'être terrestre n'existait plus. Ce penchant originel de la créature à chercher le plaisir honnête de l'existence dans les créatures et les choses, son besoin d'affections de semblables, d'habitudes aimantes, son ambition de son bonheur, sa tendance innée à combattre son mal et sa souffrance, tout cela dont la Nature fait, avec sa force souveraine et providentielle, les attributs, le courage et la raison de toute vie vivante, ne lui paraissaient que des illusions, des mensonges, des fantômes de besoins et d'instincts. L'humanité s'en était allée d'elle.

C'est ainsi qu'elle descendait à la parfaite imitation de la mort dans la vie, à la *mort spirituelle* que les Pères de l'Église comparent si justement à la mort naturelle, en lui en attribuant les effets, les suites et les conséquences. Comme morte à elle-même, sa personne, remplie de son abjection, ne conservait pas plus de volonté que le cadavre entre les mains des ensevelisseurs. Comme morte à elle-même, les disgrâces, la confusion, les opprobres, les affronts, les humiliations, les souffrances, les injustices, les louanges et les mépris, les maux et les bonheurs, pouvaient passer sur elle, sans un mouvement de sa chair : elle avait par avance, pour tout endurer, l'insensibilité de son corps mis au tombeau. Comme morte à tout ce qui n'était pas Dieu, elle réalisait en elle un tel détachement du passager, du viager d'ici-bas, un tel dépouillement de tout elle-même, de la tentation même de rentrer dans sa conscience d'être, qu'elle se réduisait à ce rien qu'a essayé d'exprimer la langue mystique en volant au sépulcre l'image du cadavre dans sa poussière !

Et dissoute, pour ainsi dire, par cette mort factice, elle commençait à sentir lui venir l'appétit de la vraie mort. La grâce lui donnait son dernier coup ; elle ôtait d'elle l'attachement le plus fort et le sentiment le plus enraciné : la passion de vivre, la terreur de mourir. Lentement et sombrement enivrée, madame Gervaisais devenait « *amoureuse de la Mort* » ; et la Mort lui tardait comme une venue d'amour. Elle en avait faim et soif. Et elle s'impatientait de l'attendre.

CV

Le dimanche, elle se faisait conduire aux Catacombes où, sans pitié, elle emmenait son fils. Elle prenait le petit cierge que lui allumait un *frate*, descendait des marches, puis s'enfonçait dans les étroits corridors de la pouzzolane, allant le long des allées serpentantes, arrivant à de petits carrefours bas où un trou et des traces de fumée montraient la place de la lampe des messes furtives. Elle marchait dans ces galeries aux excavations superposées jusqu'à la voûte, comme des lits de passagers dans un navire, sondant, d'un œil qui avait peur et envie de trouver, ces tombes crevées et vides, ces petits creux où était ramassé ce que le cirque avait rendu d'un corps, ce que les bêtes en avaient dédaigné ; ici, trouvant le *loculus* dépouillé de la fiole de sang, indice du martyre, là, une poussière humaine qui s'évapore au souffle ; et à marcher, elle se trouvait légère comme dans de la terre sainte arrosée de sacrifice. Elle s'arrêtait à quelque peinture barbare que faisait apparaître une seconde la mince lueur du cierge, aux premiers dessins d'enfant d'une foi, à un oiseau symbolique, à un bout d'arabesque, à une colonne qui semblait avoir servi de billot à ces décapitations de saintes qu'on voit, dans les tableaux des vieilles écoles, attendues au ciel par des volées d'anges. Et, parfois, elle était étonnée de la fraîcheur d'un bouquet du matin sur la pierre d'une martyre de dix-sept siècles.

A mesure qu'elle avançait, le cimetière enterré l'attirait à l'inconnu de ses ténèbres et de sa vague immensité. Le rien de lumière qui tremblotait et mettait un vacillement sur l'incertitude et le doute des parois, le marcher tâtonnant, hésitant, sur le sol inégal et bossué, l'appréhension de se cogner dans le noir de sa gauche ou de sa droite, des trous où elle sentait des souffles de précipices, des bouches de profondeurs mystérieuses, des haleines par des fentes, l'air étouffé et fade qu'elle respirait, et qui lui faisait appliquer de temps en temps sa bouche et son front sur le sable humide, l'inquiétude instinctive du chemin sans fin, la peur confuse de l'inextricable dédale, le trouble des idées dans les lieux sans ciel, ne pouvaient arrêter sa curiosité, son envie nerveuse d'aller plus loin, de voir, de voir encore, et faisant signe, au moine qui se retournait, de marcher toujours devant elle, poussant son enfant pour le faire avancer, elle suivait l'ombre maigre de son conducteur dont elle n'apercevait d'éclairé que le pouce tenant le cierge et un bout d'oreille. Enfin, lasse d'errer, quand elle avait assez fait boire à son âme et à ses sens la terreur sainte de cette carrière de reliques, elle revenait, remplie de la mort et de la nuit souterraines, à l'escalier d'entrée, un grand escalier aux marches de marbre usées, déformées, creusées sous les pas des porteurs et des ensevelisseuses; une filtrée de jour d'un blanc céleste y descendait, versant là le rayon de miracle et de délivrance qui tombe dans une prison Mamertine : madame Gervaisais en ressentait l'impression d'une lumière du matin venant à des paupières pleines d'un rêve noir.

Mais ce spectacle à la longue ne la contentait plus. Il ne lui offrait que la place, la mémoire des morts, leur suaire de pierre n'ayant gardé que la tache de leur cadavre. Ce n'était pas assez que les deux squelettes conservés sous verre à Saint-Calixte : il lui fallait de la mort où il restât plus du mort. Et pourtant, comme toute femme qui se respecte dans la délicatesse, la propreté de son corps, et le soigne avec une espèce de culte, comme une malade, comme une condamnée à mourir et une voisine du tombeau, elle avait eu tous les dégoûts et toutes les horreurs de la Mort pourrissante. Souvent elle avait évoqué, avec l'amertume d'un regret, la pudeur couronnée de roses, la légèreté riante de la Mort antique, l'art et la grâce consolante de ses rites, de ses mythes, de ses allégories : les coupes vides, les flèches tirées au ciel, les chars renversés au milieu de l'arène, l'urne fleurie du *silicernium* funèbre, parfois la vague image d'une porte entre-bâillée, toute la poésie dont les anciens voilaient et purifiaient la fin humaine, la délivrant de l'épouvante de la dissolution, changeant la dépouille en une cendre, l'ordure de la tombe en une flamme le matin, en une pincée de souvenir le soir. Maintenant elle allait aux charniers de Rome, aux Capucins, à l'Oratoire de la

Mort, à la Confrérie des *sacconi* de Saint-Théodore-le-Rond, partout où la mort étale la décoration de ses restes, s'arrange et se contourne en hideuse rocaille, se désosse en ornements, fait des bossages avec des fémurs, orne les trumeaux de pubis et d'os iliaques, suspend aux corniches l'élégance des métacarpes et des métatarses. Elle parcourait ces caveaux des Franciscains où l'on fait voir, accroché en lustre au plafond, un squelette d'enfant, qui fut une petite princesse Barberini, tenant d'une main une faulx composée de mandibules de mâchoires, de l'autre une balance dont la calotte d'un crâne pendue à trois péronés faisait les plateaux. Et à côté, des grottes lui montraient des moines desséchés, sous leurs robes de bure, sans yeux dans leurs orbites creux, la bouche brune, ouverte, et comme bouchée de terreau.

En sortant de là, rassasiée, le regard repu, elle était prête à dire, avec Job, à la pourriture : — *Vous êtes ma mère !* à dire aux vers : — *Vous êtes mes frères et mes sœurs !*

CVI

A cet appétit de la mort, qui s'en donnait tous les avant-goûts, succéda bientôt dans cette âme un autre sentiment de l'agonie chrétienne : une crainte d'être coupable de présomption, aux yeux du Souverain Maître, par cette volonté pressée de mourir, un doute humble qu'elle fût suffisamment digne d'aller à lui ; et madame Gervaisais se décida à attendre cette fin dont elle avait eu l'avide impatience, laissant maintenant à Dieu le choix de sa dernière heure, prête à mourir s'il le voulait, résignée à vivre s'il l'exigeait.

Après ce sacrifice d'un dernier désir, elle n'eut plus de désir. Une immense passivité de fatigue et d'écrasement lui donnait, pour tout, une espèce d'effrayante insensibilité. On eût dit qu'un grand calme apathique la mettait comme au delà des sensations humaines. Elle n'attendait plus rien, elle n'espérait plus rien, elle n'avait plus envie de rien, elle n'était plus touchée par rien. Parfois, elle avait dans les yeux l'absence et l'effacement d'un regard d'aveugle ; et elle tombait dans un abîme d'indifférence où le vide, les épuisements, les pertes de son être, paraissaient la faire presque un peu défaillante à la Religion même.

CVII

A l'heure de l'*Ave Maria*, l'heure du dîner de Rome, madame Gervaisais était en train de faire avec son enfant le repas qu'elle commençait sans lumière : un coup de sonnette brutal retentit à la porte.

— Je n'y suis pour personne, vous entendez, Honorine... personne absolument...

Mais Honorine était déjà allée ouvrir ; et presque aussitôt entra brusquement un officier en uniforme, à figure bronzée, qui écrasa sa dure moustache sur la joue maigre de madame Gervaisais.

— C'est vous, mon frère !... vous ! à Rome ? — fit madame Gervaisais dans un premier mouvement de surprise qui ne semblait rien avoir d'une émotion de sœur à la vue d'un frère.

— Oui, c'est moi... Il y avait une mission pour notre corps d'occupation... Je trouvais le temps long à n'avoir pas de vos nouvelles... Je me suis fait envoyer ici...

Et il regardait l'enfant triste, les yeux rouges

et mal séchés d'Honorine, la pièce nue, l'intérieur désolé, tout ce qu'il y voyait et devinait de misères, de larmes pleurées, de souffrances et de privations pâties.

Madame Gervaisais, embarrassée de ce regard qu'elle sentait sur elle, sur les murs, sur les secrets de la maison, dit à son frère :

— Vous dînez avec nous?

Le frère avait aperçu le poulet sur la table :

— N'aie pas peur, gamin, je ne mangerai pas ta part, — dit-il en embrassant Pierre-Charles, qui, reconnaissant un ami et pressentant une protection, s'était déjà glissé entre ses jambes, et touchait, de ses petits doigts attirés, ce bel or glorieux d'un uniforme de campagne, bruni au feu.

Et, se tournant vers sa sœur :

— Je dîne chez le général aujourd'hui.

Honorine avait apporté une bougie.

— Mais je vous trouve bien changée, ma sœur.

— Non... je vous assure que je ne vais pas plus mal...

— Je vous laisse dîner... Je n'ai voulu que vous embrasser aujourd'hui...

Et s'approchant de sa sœur :

— On est sûr de vous trouver demain dans l'après-midi?

— Mon frère... cette question de votre part...

— Eh bien! à demain... à une heure... j'ai un peu à causer avec vous... — Et il y eut dans sa voix une expression de douceur énergique.

Sur le pas de la porte : — Allons! Honorine, — dit-il à la femme de chambre qui le reconduisait, — ce sera chaud... La diable m'emporte si, dans ma vieille peau, je ne me sens pas encore petit garçon devant elle!

CVIII

Le lendemain, madame Gervaisais attendait son frère avec une préoccupation inquiète.

Il arriva à une heure, et s'asseyant sur le canapé, à la place qu'elle lui fit en ramenant contre elle sa jupe étroite, il toucha le bois du dossier, et lui dit :

— C'est bien dur cela... pour votre pauvre dos, ma sœur?

— J'y suis faite.

— Et ce carreau sous les pieds... ces meubles... Vous aimiez tant votre joli salon de France...

— C'est vrai... Mais il y a de grands changements en moi...

Il se fit un silence entre le frère et la sœur.

Le frère reprit :

— Vous ne voyez plus M. de Rayneval?

— Non.

— Vous ne voyez plus M. Flamen de Gerbois?

— On me l'a défendu.

— Vous ne voyez plus personne?

— Plus personne.

— Votre robe est bien vieille, chère sœur...

— Elle me suffit.

— Mais où passe donc votre fortune, votre argent?

Et la voix du frère commença à s'animer.

— Qu'en faites-vous, dites-moi?

— Mon argent?

Et madame Gervaisais se redressa dans un mouvement de hautaine impatience.

— Vous voulez le savoir? Eh bien!... je le donne aux prêtres... aux pauvres... — fit-elle en se reprenant.

Il y eut un second silence plus profond que le premier.

Ce fut le frère qui le rompit :

— Jeanne... autrefois vous étiez ma sœur...

Vous avez été presque ma mère... Aujourd'hui que nous nous revoyons... Nous nous disions *tu*, il me semble, dans ce temps-là...

— Mais je t'assure que j'ai un grand plaisir à te revoir...

— Combien de temps sans m'écrire!... toi qui m'écrivais toutes les semaines...

— Je ne sais plus... — dit la sœur en baissant la tête, — il y a longtemps... Pardonne-moi... Mais ce que je t'aurais écrit... dans les idées où j'étais... j'ai craint...

— Ç'aurait été toujours quelque chose de toi, au moins!... Ah! ton séjour d'ici!...

— Voilà... on t'a écrit de Rome... M. Flamen de Gerbois... que sais-je? peut-être Honorine... On t'aura donné des préventions...

— Des préventions? — Et se levant : — Des préventions! Mais il n'y a qu'à te voir, qu'à t'entendre, pauvre chère sœur!... Voyons, est-ce que tu ne viens pas de me dire que tu as rompu avec toutes tes amitiés?

Et se mettant à marcher, du canapé à la fenêtre, dans une promenade qui revenait toujours sur elle, il lui jetait par saccades, à chaque fois qu'il la retrouvait devant lui, des phrases brisées : madame Gervaisais, immobile, ne répondait pas une syllabe.

— Rien que ta voix à Honorine... Ce que tu dois être pour elle !... Ton accueil, à moi, hier !... N'être plus attachée à rien sur la terre... parents, famille, amis... rien, ne plus rien aimer !... Ton fils ?... Es-tu seulement encore mère ?... Tu devrais l'être deux fois cependant, avec l'enfant que tu as !... Eh bien ! non ; c'est ça, ton fils, ce petit malheureux !... Les petits pauvres qui ont des mères ont plus de bonheur que lui !... Ton enfant ? Mais tu ne lui donnes pas seulement de quoi manger, à ton enfant !

— Vas-tu me dire que je le laisse mourir de faim ?

— Oui !... Mais tu n'as donc pas d'yeux pour le voir ? Regarde-le-moi donc, sacré n.. d. D.... Regarde-moi ce visage... ces boutons... Car il est galeux, ton enfant !... Il est *ladre*, ton fils !... Et de quoi ? Je vais te le dire... de la charcuterie dont ta bonne fait, à la cuisine, la charité à sa faim !

Les yeux de madame Gervaisais s'étaient ouverts comme si, tout à coup, la vue des choses de la terre et son fils rentraient dans son regard épouvanté. Elle se précipita sur l'enfant, lui jeta deux bras de douleur autour du cou, l'embrassa sur ses boutons, et longtemps elle le mouilla de ses larmes, l'agita de ses sanglots.

Son frère la laissa pleurer ; puis d'une voix qui s'éleva avec une autorité tendre et ferme, il lui dit :

— Jeanne, le climat de Rome n'est pas bon pour toi... Les quatre années que tu viens d'y passer n'ont apporté aucun mieux à ta santé... Dans quinze jours ma mission ici sera terminée... Dans quinze jours nous partirons. Je te ramènerai en France... tu viendras passer avec moi l'hiver en Algérie... Demain, je te conduirai chez une marchande de modes qui t'habillera comme il convient à ma sœur d'être habillée... et dans quelques jours tu feras, à mon bras, une visite à tes anciens amis... qui auront tous plaisir à te revoir...

Madame Gervaisais l'écoutait avec l'air d'une femme comprenant à peine. Quand il eut fini de parler, d'un signe de main, elle lui demanda de la laisser à elle-même.

Le frère avait repris sa marche agitée, à grands pas. Il attendait, anxieux, ce qui allait sortir de ce cœur, de cette tête, impatient et peureux de cette première parole de la malheureuse contre laquelle il ne se sentait plus le courage de l'indignation.

Et l'enfant, ainsi qu'un enfant oublié entre le mari et la femme dans une scène tragique de ménage, promenait, de l'officier à sa mère, une curiosité étonnée.

Elle se trouvait au bout de ses dernières forces. Elle se sentait incapable de porter plus loin la croix qui l'écrasait. A la fin, elle cédait à l'affaissement de toutes ses énergies physiques et morales. Sa vie n'en pouvait plus. La mort avait trop tardé et ne l'avait pas prise à son heure. Depuis un mois elle se débattait dans l'effort et l'impuissance de vouloir. Ce qui venait de tomber dans le lâche néant de son âme, l'arrivée foudroyante de ce frère, de ce revenant de la famille dans son existence, ce crime contre son fils qu'il avait jeté à sa face de mère, ce fut comme un choc suprême, sous lequel, brisée en dedans, s'écroula la femme qu'avait faite Rome.

Le quart d'heure passé, relevant la tête : — Je ferai ce que vous désirez, mon frère, — dit lentement madame Gervaisais, — tout ce que vous désirez. Je ne vous demande qu'une chose, avant mon départ... — et elle s'arrêta un moment, — je vous demande de me laisser recevoir la bénédiction du Pape avec mon enfant...

Son frère la serra dans ses bras.

— A demain, Georges ! — Et d'elle-même elle l'embrassa une seconde fois.

CIX

Madame Gervaisais n'apporta ni difficulté, ni retard, ni tergiversation, ni mauvaise grâce à faire ce qu'elle avait promis à son frère. Et Honorine fut toute surprise quand on vint essayer la robe, les effets commandés, de quelques observations de sa maîtresse qui semblaient un retour de son goût parisien.

Elle alla, conduite par son frère, chez l'ambassadeur de France, chez M. Flamen de Gerbois, chez la princesse Liverani. Elle revit ces anciennes connaissances avec l'aisance d'une personne qui les aurait quittées la veille; elle se montra sans embarras, parla de choses du monde, fut aimable, gracieuse, et laissa à ceux qu'elle visita l'impression de retrouver, avec son charme d'autrefois, la Française sur laquelle couraient, dans la société romaine, des bruits de folie religieuse. Elle envoya son fils chez le docteur Monterone : quant à reprendre le docteur pour elle, elle y montra une répugnance que son frère ne crut pas devoir combattre.

Les jours suivants, il l'emmena dans des promenades, de petites excursions, des dîners aux hôtels, tâchant de la délivrer de son passé, cherchant à la tenir toute la journée avec lui dans une légèreté de distraction. Elle s'abandonnait sans résistance à ce qu'il désirait, le remerciait d'être bon et gai comme il l'était, souriant quelquefois à son rire, laissant tomber de temps en temps une parole sérieuse ou savante sur ce qu'ils regardaient ensemble, un regret sur une ruine, une pensée de convalescente. Cependant le frère croyait apercevoir, sous ce qu'elle laissait paraître, un sourd travail pour se ressaisir, un pénible et continuel effort à se soulever d'une sorte de stupeur, d'un sommeil de fatigue, d'un accablement mortel. Il y avait surtout des moments où, après les visites qu'il lui faisait faire, le masque d'animation de la vie se détachait et glissait subitement de sa figure; et souvent, quand il l'avait devant lui en voiture, il lui voyait des absences où elle paraissait ne plus être ni à lui ni à elle.

Singulier phénomène de cette nature de femme: tant qu'elle avait vécu sous la dure direction du Trinitaire, tant qu'elle avait été meurtrie, frappée, battue par une règle de fer, tant qu'elle avait saigné sous la pénitence, tant que son moral avait eu la flagellante excitation du sacrifice, son pauvre être, fatigué, usé, épuisé par le mal, avait pu rester debout, se porter, aller toujours; il avait pu s'entraîner à des tâches impossibles, au-dessus de ses forces, comme le misérable animal étique et surmené, n'ayant plus que le souffle, et qu'enlève encore le coup de fouet. Maintenant, elle sentait toute puissance vitale lui manquer, la quitter, une immense faiblesse venir à son physique sans ressort; et elle s'enfonçait dans une prostration qu'elle avait de jour en jour plus de peine à surmonter.

Pourtant la malheureuse faisait bien tout ce qu'elle pouvait pour avoir l'air vivant, presque heureux avec les siens, avec son Pierre-Charles qu'elle ne pouvait plus quitter, et qu'il lui fallait toujours là. Elle en avait besoin à son réveil, et dans ces matinées paresseuses et traînantes des malades, pendant ces courts ensommeillements qui jouissent, les yeux fermés, d'une présence aimée, elle voulait l'avoir près d'elle sur son lit, sur ses pieds. Dans la calèche, elle aimait ses mains dans les siennes, le contact de ce petit corps sur lequel elle penchait le sien, le serrant jalousement contre son flanc, dans son châle, respirant l'air de sa bouche, la vie de ses yeux maintenant sans tristesse, et où la mère voyait remonter le beau sourire intelligent du cœur de son enfant.

Son ton avait changé avec Honorine : dans la façon dont elle lui parlait, il y avait une excuse attendrie, une indirecte demande de pardon. Honorine, tout heureuse, préparait joyeusement le départ, la fuite de cette ville de malheur, ravie et transportée de l'idée de s'en aller, tourbillonnant dans les pièces, fouillant les tiroirs, pliant, rangeant, déménageant, emplissant d'avance les malles et les caisses, un peu étonnée seulement de l'espèce de froideur de sa maîtresse quand elle lui demandait des instructions pour emballer quelque chose, et qu'elle l'entendait lui répondre :
— Oui, c'est vrai... Nous partons...

CX

— Donnez!... — dit madame Gervaisais à Honorine.

Et elle lui prit des mains la lettre que venait d'apporter un gendarme pontifical, lut son nom au dessous du timbre sec : *Anticamera pontificia.*

Deux ou trois palpitations lui battirent sous le sein. Elle s'arrêta : ses mains avaient l'émotion de tenir un des grands événements de sa vie. Et elle resta une minute sans oser ouvrir le solennel et officiel papier. Puis vivement, elle rompit le cachet, parcourut la lettre moitié imprimée, moitié écrite, datée de cet auguste lieu d'envoi : *Vaticano*, et la formule qui la prévenait que Sa Sainteté daignerait l'admettre à une audience, le samedi 30 avril, à cinq heures après-midi.

Elle relut la lettre, épela jusqu'à l'illisible signature du Maître de la Chambre, *l'avvertenza* en marge pour la tenue des dames et des messieurs : on aurait dit qu'elle voulait se convaincre de la réalité d'un rêve.

Elle abaissa la lettre sur ses genoux, la tenant toujours, regarda sur le canapé sa robe noire et son voile noir tout préparés. C'était pour le lendemain ! Elle allait être reçue par le successeur de saint Pierre, le vicaire de Jésus-Christ, le Pape, — le Pape ! — un mot qui faisait un long écho jusqu'au fond de ses respects. Elle ne se souvenait plus de l'humanité qu'il lui avait paru avoir dans cette rencontre sur le chemin des Vignes. D'avance, elle l'apercevait transfiguré : elle s'en approcherait comme d'une image, d'un reflet, d'une présence terrestre de Dieu. Une lumière lui passa devant les yeux; et un moment d'éblouissement lui fit voir l'entrée d'une chambre rayonnante, pareille à l'antichambre du ciel.

Toute la journée, elle voulut garder le *biglietto* d'audience ouvert devant elle, le posséder de ce regard errant, vague, ne discernant plus les caractères, mais touchant encore le bonheur de ce qui était écrit sur ce papier qu'elle ne lisait plus. Et la nuit, elle l'attacha avec une épingle au rideau du fond de son lit, pour dormir avec lui.

CXI

— Je saigne, je saigne... — dit le matin madame Gervaisais à son frère qui venait d'entrer dans sa chambre.

— Ce n'est rien... Tu te seras écorché la gencive...

— Oh! non... c'est du sang de là...

Et elle porta la main à sa poitrine.

— Eh! bien, il faut envoyer chercher le docteur Monterone...

— Je ne veux plus du docteur Monterone.

— Tu as tes poudres?

— Oui, c'est cela. Donne-moi la poudre, là... là...

— Ta nuit a été mauvaise?

— Mauvaise? non... Je ne me rappelle plus... Cette nuit, je ne sais pas où j'étais...

— Tu as eu une quinte à trois heures... Honorine t'a fait boire quelques gorgées d'eau qui t'ont calmée. Tu as encore toussé à cinq heures... Dans ce moment-ci, tu as la fièvre... Si tu étais raisonnable, chère sœur, tu remettrais cette audience... Nous retarderions un peu notre départ...

— L'audience? Mon audience du Pape? Non, non, j'irai; il faut que j'y aille...

Et elle se souleva un peu dans son lit, comme si elle essayait ce qui lui restait de forces.

— Je veux y aller... Il n'est pas dix heures... Veux-tu bien me laisser. Je vais tâcher de dormir... J'irai bien à trois heures...

A trois heures précises, elle sonnait Honorine, se levait, se faisait habiller avec des pauses de repos où elle lui disait : — Attendez un peu...

Puis après avoir trempé ses lèvres à une tasse de thé, se tournant vers son frère : — Allons! je suis prête, partons...

Et elle passa devant lui, se redressant dans la volonté d'aller.

Pendant le trajet, dans la voiture, elle n'eut d'autre parole que : — Merci... bien... — quand il la regardait.

Sous la voûte de la colonnade de Saint-Pierre, le frère et la sœur se quittèrent. Madame Gervaisais, prenant son fils par la main, traversa la haie des hallebardiers Suisses montant la garde du Passé à la porte du Vatican ; et elle se mit à gravir, avec une hâte haletante, le vaste escalier, où elle s'arrêta un moment pour respirer, appuyée d'une main sur l'épaule de Pierre-Charles.

Elle arriva à une première salle où étaient des gens en rouge, la tête nue.

Cette salle la mena à une autre qui lui sembla avoir des armes de vieux Papes sur les murs, et dedans, des vivants vagues et des costumes anciens éclairés par la trouble lumière d'une coulisse de théâtre pendant le jour.

Elle marchait vite, tenant si serrée dans sa main la main de son enfant qu'elle lui faisait mal.

Puis ce furent d'autres salles qu'elle traversa, frôlant des uniformes, des gardes, des dragons, et d'autres salles encore qui, à mesure qu'elle avançait, prenaient un aspect plus ecclésiastique, et où les allants et les venants devenaient de plus en plus des prêtres et des ombres.

Le Palais, mystérieusement peuplé, s'allongeait devant elle, infini et confus comme le chemin d'un songe dans lequel elle allait toujours, avec un regard et un pas de somnambule.

Elle se trouva dans un salon, pareil à un salon d'officiers d'ordonnance, où un peloton de Gardes Nobles prenait les armes sur deux lignes et saluait de l'épée au passage des Cardinaux.

Là, elle donna sa lettre qu'elle vit emporter sur un plat d'argent. Et une autre salle lui apparut, une imposante salle du Trône, avec un dais de velours et un fauteuil doré, où glissaient, d'un pas silencieux, des huissiers noirs en justaucorps de soie, à manteau de velours, la fraise au cou.

Pendant qu'elle attendait là, le Grand Pénitencier de France, qui lui avait obtenu son audience, venait lui tenir quelques minutes compagnie et causait avec elle; mais les battements de son cœur à cet instant étaient si forts qu'ils l'empêchaient d'entendre, et la faisaient répondre par des mouvements de tête, un machinal sourire fixe.

Enfin, elle parvint à une dernière pièce, ne voyant plus rien, les yeux en arrêt sur une porte, —

la porte derrière laquelle il y avait le Pape.

Subitement, un coup de sonnette la traversa, la porte battante s'ouvrit : elle se dressa sur ses pieds en sursaut, courut presque au seuil, s'arrêta court devant l'éclair rouge et sombre de la chambre de pourpre, leva les bras en l'air, s'affaissa lentement sur son enfant.

L'enfant, qui l'avait prise à bras-le-corps, aperçut un filet de sang à ses lèvres, entendit, dans son oreille posée contre sa poitrine, la vie se vider avec le bruit étranglé de l'eau d'une bouteille...

Il la soutenait, écrasé de son poids, avant au-dessus de lui le balancement de la morte dans le vide.

— M'man!... m'man!... — appela par deux fois Pierre-Charles sur le cadavre échappé d'entre ses petits bras, et roulé à terre.

Puis soudain, comme si, du cœur crevé de l'enfant, jaillissait, avec l'intelligence, une parole nouvelle, sa langue d'orphelin articula dans un grand cri déchiré :

— Ma mère!

Rome, mars 1866. — Auteuil, décembre 1868.

FIN

Original en couleur
NF Z 43-120-8

www.ingramcontent.com/pod-product-compliance
Lightning Source LLC
Chambersburg PA
CBHW071257160426
43196CB00009B/1324